突破「無知」的壁壘

瑞昇文化

本書收錄了2011年5月14日於東京都澀谷區所舉行的「B.E.2555／2011年釋尊祝祭日 釋尊成道2600年衛塞節紀念」（主辦方／宗教法人日本小乘佛教協會，贊助商／株式會社samgha）的演講對談內容，以及經由作者大幅度調整並修改後所彙整出的內容。

作為前言 釋 徹宗

人類自古以來就持續追尋現象與認知機制的真相，而這個目標很可能就是讓人產生煩惱的根源。所以才會有各式各樣的宗教、思想以及科學領域想要來探討這個問題。而其中之一的佛教，則是以經驗法則與自我分析等層面來提出一個解決之道。這也就表示佛教本著「人類智慧結晶」的自覺，進而來探討現代科學許多未著墨的部分。不過這並不表示佛教不注重科學的事實，只能算是兩者所選擇的「道路」（方法）不同，因為這畢竟是宗教。至於是否與科學領域的看法相同，其實並不是那麼重要（我是這麼認為的）。

舉例來說這就跟「緣起」與「無常」的概念，無法與生物學的動態均衡理論兩者相提並論是一樣的意思。不過在佛教的修行體系中，倒是存在著與認知行動療法相近的部分。像是《華嚴經》的世界觀簡直就是碎形[※1]（fractal）的幾何概念。然而著重於科學

※1碎形：不規則且複雜的形狀，又稱分形、殘形，通常被定義為「一個粗糙或零碎的幾何形狀，可以分成數個部分，且每一部分都近似整體縮小後的形狀，即具有自相似的性質。

面並無助於提升佛教的地位，但要是草率地將佛教與科學相互結合，那麼也不會有任何混合的產物出現。因為對佛教而言，重點在於如何讓煩惱根源解體的這個信念，所以才能站在「緣起」與「無常」的立場來思考。

所以對我個人來說，很少會因為佛教與科學的對比，或是相似處而感到雀躍不已。而這本書的內容就是跨越那道「牆」的對話。而且蘇曼那沙拉（Alubomulle Sumanasara）長老和養老孟司教授之間的對話，也都不存在所謂的「宗教」與「科學」的那道高牆，可以說是以同樣的相位（phase）在對談。再加上長老有時候的對談內容也會展現出猶如科學家的合理性，而養老教授的談話就宛如僧侶的口吻，使得會場頓時成為雙方立場不時交錯的場所。

棘手的「近代自我」

本書中的養老教授提出了我們所認知的「世界」，以及我們所依附存的「自我」，其實都是相當脆弱的存在，以這樣的方式來說明現代人容易掉入的陷阱。而且我們對於「個體」的認知輪廓，也比想像中來得要模糊許多，這個部分每個人都會有所差異，因為會受限於自己所認定的規則。所謂的「個體原本就是屬於不存在的主觀想法，要是沒有發現到這個事實，近代自我就無法發揮它的作用」，就是將大腦與身體的構造給拆開來一一檢視。

另一方面，蘇曼那沙拉長老則是從佛教基礎論調當中的「事情的發展因為無法順著己意而產生煩惱」，來探討這樣的「想法」真面目為何，而且是從何而生，這樣的「想法」又是在怎樣的過程中發揮作用，這其中是否存在無法掌控的「想法」領域，若是調整「想法」，那麼煩惱是否也能夠被調整，想要達到這樣的目標，又該如何利用我們的身體來過著怎樣的生活，以這樣的論點來展開對談。蘇曼那沙拉長老的談話內容相當簡潔有力，相當深入人心。他選擇不去提及日本佛教說法中有爭議的部分，以淺顯易懂的方式說明佛道。這應該能夠讓讀者重新認識到「佛教具備高度的智慧」，以及「佛教具備以身心機制為基礎的實踐性」。其中的智慧與實踐性就是指

「近代自我成立以前的體系化」，應該（反倒）很容易從中感受到極大的可能性存在。

而本書中隨處可見的其中一個論點就是「近代自我很棘手」。因為沒有了「近代自我」，就無法去適應現代社會。一旦克服了近代前的數個問題，那麼就能夠確立近代自我，因為我們無法回到近代自我以前的那個時代。對現代人而言，近代的「自我確立」仍舊會是現今的一大課題。只不過我們在某個時間點，卻發現了近代自我所會衍生出的問題。我認為這或許代表人類開始有所自覺，而且也會是個分歧點。而本書則是在認清近代自我所產生弊害的形勢下所撰寫出的內容。

負責協助兩人進行對話的人是……

我認為在兩人公開對談時，我就是那個負責炒熱現場氣氛的主持人。我的工作應該就是「將兩人的對話內容稍微加大聲量地往下引導」。所以我的目標是「盡量不使用專門術語」、「讓自己呈現空白狀態來發問」。不過原本應該是唸稿進行，但我卻還是自顧自地高談闊論了起來，對自己的表現其實有些失望。這也讓我再次意識到我平常那樣不知分寸的說話方式，而這也是家人對我反感的原因（為什麼僧侶總是有那麼多的話想講，這難道是僧侶的特色……）。總而言之，無法控制住這樣的「自己」的這件事還真是麻煩。

至於兩人則是有智慧地以諷刺口吻來展現出非凡的幽默感，並提及共通的虛無觀點、到哪裡都能生存的身體慣性的論述。連我這個身心都極為貧乏的人，僅僅只是在一旁聽著兩人的對話，就已經完全能夠感受到兩人所散發出的魅力。

目次

第三章

第一章

「自我」的這道牆

解剖學者的「愚蠢」與佛教的「無知」

釋徹宗（以下略稱為釋）　養老孟司教授曾經將「擁有了堅實強壯的組織後，就無法理解框架外所有事物」的大腦構造取名為「愚蠢之壁」。

我在閱讀《愚蠢之壁》（二〇〇三年新潮新書出版）時，立即就湧現了「簡直就是在讀佛教書籍」的感受。內文中也出現了「所有的現象分秒都會持續產生變化」等的字句，這些都是完全展現出佛教立場的內容。而在《愚蠢之壁》翌年出版的《鮮紅色的謊言》（二〇〇四年大正大學出版會，二〇一〇年PHP文庫出版）當中，則是寫下了「利用現代科學以及大腦絞盡腦汁思考，然後寫下這本書，結果卻呈現出如同古老佛經般的內容」。以及「看了中村元老師的《阿含經》解說後，覺得自己應該要在這本書中寫下為何自己要出版此書的原因」。

回歸正題，佛教會檢討「自己到底是活在怎樣的框架之中」，並透過身心的鍛鍊，希望能朝著在能力範圍內，不要強化框架的方向去努力。因為自己擅自打造出的框架會導致煩惱的出現。而煩惱的根本原因就是所謂的「無知」。

因此，這次才會將養老教授所出版的《愚蠢之壁》與佛教理念來做搭配，以「無知之壁」為主題讓兩人來進行對談。而我則是擔任讓對談能順利進行的主持人角色。

那麼接下來就進入「無知之壁」的這個主題。

蘇曼那沙拉長老以前就曾經以「無知」為關鍵字，而來說明各式各樣人類的煩惱與幸福。從內心感受來述說「無知」的各個面向。

另一方面，養老教授所說的「愚蠢」與「牆壁」，其實並非指一般大眾所理解的「愚蠢」與「牆壁」的說法，而是指大腦構造中的陷阱。

首先要探討的是「無知」與「愚蠢」之間是否有共同的部分存在。養老先生所認為的「愚蠢」，以及佛教中的「無知」，這兩者到底是相同還是不同的概念呢？接著要從這個方面來進行討論。

意識是在行為之後出現

釋　養老教授是以「愚蠢」的這個隱喻來說明人類的大腦構造。

養老孟司（以下略稱為養老）　沒錯。如果要就細節深入說明，會牽扯到各個層面，總而言之，結論就是「意識有界限存在」。

那是因為大多數的人都普遍認為要先有「想法」，之後再有所行動。像是「覺得喉嚨很渴而喝水」，就完全印證了這個說法。然而這時候大腦的檢測卻會顯示出「想法」是後來才會出現。因為各位的大腦會先顯現出喝水的這個明確指示，過了約半秒後，才會產生「想要喝水」的意識。這樣的說法其實不難理解，因為意識本來就是來自於大腦。不過由於意識比起行動的作用來得複雜許多，所以大腦的行為才會比意識還要晚出現。追根究柢，主要的原因就在於意識是有界限存在的。

雖然說大多數人都會按照自己的想法來行動，但其實並非絕對如此。以喝水為例，就是大腦擅自產生喝水的指示，而讓身體有所行動，在這裡的意識能發揮的作用，頂多只是阻止的行動。

因為阻止應該算是可行的選項。抱持著樣的想法，會發現到很有趣的一件事，那就是所謂的「道德規範」，絕對是以「不能〇〇〇」的形式呈現。

釋 原來如此。這麼說來，有的宗教是秉持著「要〇〇〇」，說不定也是以「道德規範」的禁止事項為前提而制定的。

阿爾包姆雷・蘇曼那沙拉（以下略稱為蘇曼那沙拉） 佛教裡有「五戒」，就是指不能做的禁止事項。這五個事項是人類會很想做的事，本能上會產生慾望的行為。

再加上養老教授的說法，這就表示大腦會先產生五個事項的「想做、要做」的命令，接著人類在使用自己的意識來阻止這個行為的發生。以事項的內容來看，應該會比較容易理解。

五戒①不殺生：勿殺生

蘇曼那沙拉　簡單介紹一下五戒。第一個是「殺生」，說到殺生，或許各位應該都會直覺認為「自己絕對不會做這種事」。不過就我們的生活方式來說，並非由能夠促進發展的新大腦——大腦新皮質在進行管理。因為舊大腦對新大腦會產生偏見，而舊大腦的運作就跟動物沒兩樣。那麼動物們為了生存，是否有可能去殺害其他生物呢？肚子餓了當然一定要去攫取獵物，但是這樣的舉動卻不是所謂的殺生。這只是單純為了保護自己生命的求生欲（存在欲）所做出的無意識行為。一旦產生「保護生命」的這股慾望（佛教用語為「渴愛」），恐懼感也會隨之而來。一個生命因為要填飽肚子而殺害了另一個生命，當然也會產生自己某一天有可能被其他人給吃掉的恐懼感。

有野性的生命比起求生欲，首先會感受到的是那股恐懼感。或許你心裡會想著，應該要讓那群餓肚子的烏鴉們有好吃的食物來飽餐一頓，這麼一來得到食物的烏鴉們就能夠大口大口吃下食物，但事實卻並非如此。烏鴉在吃東西前，還是會先查看是否具有危險性，即便是吃得正津津有味時，要是我們在一旁舉起手，那麼烏鴉們還是會因此逃走。因為對動物而言，根本無法跟人類一樣以平靜的情緒來進食。而是在充斥恐懼感的情況下進食，這樣的恐懼感就會產生「盡可能地去攻擊敵人」的衝動。所以說在動物的世界裡，相互殺害根本就是稀鬆平常的行為。

至於人類的大腦構造雖然比動物還要先進，但先進的部分還是由舊大腦來負責管理。因此人類的內心其實很容易就會產生殺害其他生命的衝動。雖然人類對於殺人等行為會加以撻伐，但是對於漁夫殺害大量的魚卻感到不痛不癢，完全沒有罪惡感，也絲毫不在乎屠宰場內，每天有如此多的動物遭到屠殺一事。而且還會毫無猶豫地噴灑殺蟲劑，要是家中有蟑螂出現，還會使用水煙殺蟲劑來清除所有的昆蟲。然後這些行為就被視為是保護人類生命的正當行為。如此說來要是有野生的熊去襲擊人類，那麼熊應該也不算是做壞事。即便獅子啃食人類，那麼也不應該就此殺害獅子。因為獅子是在保護自己的生命所以需要獵食，吃東西的行為怎麼會是件壞事？然而人類卻不認同這樣的道理。

其實我想表達的是，不論是人類還是動物，對於殺生的態度應該要持平而論。因為人類的大腦跟動物一樣都是由舊大腦來管理，所以大腦內才會產生「想殺害對方」的行為。但即便產生了殺意，卻不能真的去殺害對方。這就是第一項的戒律。

五戒②不偷盜：勿竊盜

蘇曼那沙拉　接著是五戒的第二項，佛教用語是偷盜。像是肚子餓的流浪貓打開家中的窗戶，然後擅自入內拿走魚後逃走。但是這並不能說牠是「貓小偷」，因為牠只是拿走自己所需的東西罷了。這就跟野生猴子和熊搜刮農地後，雖然給人類添了麻煩，但也不算是偷取人類農作物的道理相同。牠們都只是因為飢餓，而拿走了必要的東西。

動物會劃定自己的勢力範圍，也會將同伴逐出勢力範圍之外。擁有勢力範圍的動物，並非之前已經和其他動物進行溝通才會這麼做。牠們並不需要公開宣示自己的主權，因為動物是擅自來劃分屬於自己的勢力範圍。這就是所謂的強者得勝，像這樣因為求生欲而產生的行為就是動物的本能。

人類則是會為了生存，而試著使用相同的動物本能。力量強大的人、殘暴的人會企圖以強硬的方式來取得自己所需要的東西。要是必要的東西在其他人手上，就會有想要奪取的意圖浮現，這就是所謂的本能。如果認為「這樣的本能有正當性」，那麼在持續進步的文明時代背景下，人類應該就無法繼續存活下來了。因為比起動物，人類更是殘暴，若是想要以本能作為藉口，那麼當然會對於相互殘殺彼此消滅一事產生恐懼感。

在已經擁有必要物品的狀態下，要努力阻止自己不要產生奪取他人物品的想法，這就是戒律中的「不偷盜」。而是要靠著自己勤奮工作，以合法手段取得必需物品。至於那些工作能力不出色的人，就只要向其他人發出「請給予協助」的求救訊號，最後亦能有所收穫。佛教戒條中規定「不能拿取他人不願意給予的東西」，就是指要懂得駕馭大腦所衍生出的本能反應。

五戒③不邪淫：勿做出邪念舉動

蘇曼那沙拉　接著說明戒律的第三項，就是不能做出邪念的舉動。

因為要繁衍子孫，所以在基因裡會產生性慾的這個排序。一旦基因下達了進行性行為的命令，人類的大腦首先就會出現與動物無異的行為。

試著想像電視節目上所播出的魚類繁殖節目，公魚要經過一番纏鬥，費盡一番心力，才能將精子注入到卵子內。只要能順利將精子散布出去，不管對象是誰都無所謂。

換作是人類也是相同的情形。大腦首先會發出繁殖命令，女性會變得想要受孕，而男性則是會想要將精子給散播出去。若是將這樣的想法化為行動，這樣的生存方式，就跟動物們沒什麼兩樣。因此就必須仰賴大腦新皮質來做出判斷。於是大腦新皮質就會產生對方和自己是同一類型的人、身為人類必須尊重對方的感受，以及有了性行為後就得肩負起養育孩子重責的基本常識判斷。因此在面對「想要進行隨便、不負責的性行為」命令時，就必須要來控制自己腦中的想法。提醒自己不要做出帶有邪念的舉動，要清楚知道，性行為是要在尊敬對方生命且合法的狀態下，才能進行。

五戒④不妄語：勿說謊

蘇曼那沙拉　第四項則是說謊。人類會為了維護自身的利益而說謊，但我不認為這是不對的行為。「說謊的人要吞一千根針」的說法，也只是大人為了要小孩「不能說謊」而編織出的謊言。那麼大人是否會因此對小孩產生罪惡感呢？其實根本不會，因為沒有一個人，能夠說出完全被人信服的不說謊理由。那些高喊著「不能說謊」的人們，說不定還比一般人還愛說謊。

有些人很懂得如何說話，我曾聽說是因為這些人大腦具備有成長的能力。這樣的話，為了人類的幸福，那就應該來好好使用言語這個道具。然而真實情況卻並非如此，為了保護自己，維護自身的利益，而選擇欺騙被視為敵人的夥伴，**為了要貶低他人**，而使用言語來撒謊、辱罵，說出一些矛盾且不具意義的話。這時大腦首先會朝著說謊方向去運作，因此人類一定要提醒自己絕對不要說謊。這就是第四項的戒律內容。

五戒⑤不飲酒：勿碰酒精、毒品等會降低智力的東西

蘇曼那沙拉　第五項的禁酒戒實在很難以動物為例來做說明，因為在自然界根本沒有會喝得爛醉的動物，所以無法舉例。這或許是因為「想喝醉」的情緒只會在大腦未開發部分產生作用也說不定。我本身並非大腦研究的專家，所以只能依推測方式來作解釋。

毒品和酒精等都是很容易一接觸就喜歡上的東西，會習慣成自然而逐漸上癮。但是這樣的行為並非是理性的判斷，反倒是很輕易就會掉入的陷阱。所謂沒有理性的命令，就是一旦成癮而無法戒斷對酒精的愛好，應該是不發達的大腦所下達的命令。因為喝醉酒會使得大腦主宰理性的部分功能降低，不久後功能產生損傷。大腦之所以會發出這樣的命令，就是想要回復到動物大腦的狀態。因此必須有意識地去駕馭「想要恣意胡鬧，所以無視社會規範，跟猴子一樣過著同樣生活而服用酒精、毒品」的大腦命令。佛教的教義中有句話是「人類應該培養理性的態度，應該開發智慧」，而佛祖也說過「智慧是人類的寶物」。所以說禁酒戒不需要考慮到所有人「想喝酒」的情緒，並不會以寬大的胸襟來包容這樣的慾望。

宗教似乎都很喜歡制定戒律和禁止事項，不過我認為這樣的做法，出發點並不是想要來折磨並束縛人類。雖然有「如果沒有在教堂舉行結婚典禮，兩人之間的性行為就會被視為有罪的外遇舉動」的威脅說法存在，但也是有一般的「吃豬肉有罪」、「吃牛肉有罪」、「吃肉和吃魚有罪」之類的教誨。不過我倒是完全不知道這些禁止事項的決定根據到底從何而來。

相較於此，佛教雖然有戒律說存在，但卻不屬於戒律宗教。因為執著於戒律、儀式、禮儀和慣例等，就會產生戒禁取[※2]的煩惱，對自身的悟道造成妨礙。佛祖所提倡的戒律是指捨棄回到動物生存方式的大腦意識，並朝著進化的方向前進。完全沒有要威脅或是給人們添麻煩的意思。戒律是由自身的意志來守護，而不單純只是服從佛祖的命令。

※2戒禁取：又稱戒禁取見，佛教用語，意思是修行者因不正確的知識與心態，認為必須依循某種特定的外在戒律、宗教儀式或苦行方式才能得到解脫。

沒有那個情緒就不會付諸行動

釋　誠如蘇曼那沙拉長老詳細的說明，佛教的五戒並非「要〇〇〇」，而是以「勿〇〇〇」的方式來制定禁止事項。

養老　「要〇〇〇」的道德規範，其實不具有任何意義。這就跟我們常聽到的比喻「可以將馬牽到水邊，但卻不能要馬喝水」是相同的道理，因為要是馬自己本身沒有想要喝水的意思，那麼這個舉動就無法達到目的。

蘇曼那沙拉　雖然我確實能夠教導各位說「這些就是五戒」，但要是知道的人不願意遵守，那你也拿他沒辦法。

養老　我也是抱持同樣想法，因為只要拼命地做學問或是做任何事，很容易就會陷入「自己腦中所想的就是一切」的思維，但實際情況卻並非如此。之所以會說「那並不代表一切」，那是因為在自己正在實踐人生中極具意義的事時，思考才能有所領悟。

釋　簡單來說「那並不代表一切」，所指的就是在面臨人生重大局面時，會浮現的想法。

養老　沒錯，假設在想要求婚時，應該不會想要詳盡地列出許多道理，然後向對方繳交報告書吧！而是會想要好好挑選禮物、製造浪漫氣氛，實際上有很多事要做。

如果要說這些舉動到底是為了什麼，其實目的就是要讓對方的大腦有所動作，換句話說是要讓對方萌生「想要結婚」的情緒。以先前的舉例來說，就是「要讓馬產生想喝水的情緒」。

所以說要把大腦的活動視為第一優先，而實際上人生亦是如此。但不是要去理解大腦的作業模式，重點是「對任何事都要用心」。我們在年輕時經常會聽到「只要有心沒有什麼事辦不到」之類的打氣話語，其中所要傳達的是「對世界上任何事都要抱持熱情」。

對所有事都抱持熱情，最典型的例子就是科學技術，所以才會衍生「人類應該能前往宇宙盡頭」的後續討論。但事實上真是如此嗎？實際情況應該不如想像中容易。

釋 我在拜讀養老教授的《唯腦論》（一九八九年青土社出版，一九九八年CHIKUMA學藝文庫出版）時，發現到想法與現象之間的關係，以及認知的虛構性等佛教教誨存在有許多的共通點。我想應該有不少人是和我抱持相同的看法。

那麼蘇曼那沙拉長老現在提到的「意識有界限存在」的看法，站在佛教立場又是怎樣來看待呢？

蘇曼那沙拉　關於養老教授所說的已經相當詳細，我沒有要補充的部分。不過用語上有點問題，並非「意識有界限存在」，而是「知識有界限存在」，我比較傾向這樣的表達方式。這當中也包括了佛教的立場。

意識是生命的能量，要是沒有了意識，身體就只是單純的物體罷了。物體沒有辦法做任何事，所以生命的能量相當強大，甚至還能夠改變物質。在科學的領域裡，意識與知識相互配合，世界才能快速地轉變，還能夠製作出不存在於地球上的物質。

不過知識還是有界限存在，知識並不是無所不能。而要去對抗意識的命令不是件簡單的事，即便成功，另一種意識卻仍然存在。人類在要做某件事時，若是缺少了想要這麼做的意識，以及無法反抗意識的那股能量，那麼就什麼事都做不了。

社會上出現打人後辯稱是「正當防衛」的情形，而日本不時會有需要進行精神鑑定，然後判定為「當下缺乏判斷能力」，就能夠減輕刑責的情況發生。但這其實就是顯露出世間得過且過態度的做法。在「為了保護自己，所以在被打之前先毆打對方」的情況下，自己的意識會被恐懼感給包覆住，所以才會下達「先毆打對方」的命令，身體只是順從了這樣的本能罷了。如果無視於世間的規範，而讓自己憤怒和憎恨的情緒掌控內心，那麼「想要殺掉這個人」的意識就會開始動作。當情緒高漲時，理性和知識就失去了活動的空間。簡單來說，就是因為被情緒籠罩，使得理性和知識都無法發揮作用，失去判斷能力的人，就會做出殺害對方的行為。由於是順從自我意識而做出的行為，所以就等同於殺生之罪。即便因為精神鑑定而得到輕判，所犯下的罪也不會因此減輕。如果能夠因為「欠缺判斷能力」的這個理由，而減輕殺人罪的罰則，那麼倒不如讓所有犯了殺人罪的人都被判無罪好了。

我認為根本沒有人會是在理性狀態下，帶著沉著判斷而殺人的罪犯。因為佛教告訴我們「犯下殺人罪的人，以及其他的犯罪者，在犯罪時都是處於失去理性的狀態」。因為失去理性，使得意識遭到求生欲和恐懼感這樣單純的情緒所操控，那個時候就會做出犯罪的行為。以現代科學中的「大腦」概念來說明佛教教誨，可以解釋為不要給予腦幹和大腦邊緣系統支配權，而是努力去讓大腦新皮質來獲得支配權。我對於科學領域完全是門外漢程度，所以這也只是我自己單方的推測。而我所想要表達的是「知識有界限存在，而意識則是有生命的」。

人類首次的科學發展

蘇曼那沙拉　各位因為是現代人，所以似乎很少會站在知識主義的立場重新檢視自己的思維。而我自己則是一貫秉持著「雖然說知識能做到的事很渺小，但也絕不會是做白工」的想法。然而各位卻對此感到厭煩，不願意聽我所說的話，這讓我感到有些困擾。

釋　我想應該沒有人會不願意聽長老您所說的話，現代人應該都很期待聽到蘇曼那沙拉長老所發表的言論。

蘇曼那沙拉　不是的，看來還是得像科學家那樣不經意提出證據會比較有魄力。這麼一來，說任何話也都會比較具說服力，真叫人羨慕啊！那是因為每個人多少都抱持著「科學無所不知」的既有觀念，這就是機械文明所帶來的結果。感覺甚至可以說「人類全都是科學教的信徒」了。

在佛祖的時代，還沒有科學知識的出現。當時的哲學家所說的話都很類似於宗教的教義，而且不需要努力提出佐證，就能夠發表出各式各樣的言論綱要。像是「生命有靈魂存在」、「死後靈魂繼續存在」、「死後靈魂消失」、「靈魂是有限的」、「靈魂是無限的」、「有創造出一切現象的神存在」等。為了要聆聽這些人的講道，想要成為這些人的弟子，就必須去相信那些他們所發表的言論綱要。

佛祖（說不定）是人類首次談論到科學發展的人，因為現代科學就是企圖以大腦研究來探索人類的內心感受。

雖然說佛祖的時代還沒有科學存在，不過現代科學的研究課題直到最近，才以科學方法論為基礎，開始針對沒有太多著墨的人類意識來進行調查。這就是善用科學方法論（scientific method）很好的例子。而佛祖則是不會發表沒有佐證的言論綱要，即便是提出人們難以理解的說法，也還是會告知如何發掘真理的方式。對於容易陷入迷信的印度社會來說，佛祖其實是花費了好大一番功夫。

「佛祖的說法很科學」、「釋尊所傳授的真理不與時代潮流脫節」、「真理是被發現的，所以不需要去改良真理」，小乘佛教其實就是想把這樣的訊息傳達給現代的所有人知道。所使用的手段，則是直接以現代人的語言來直接表述佛祖的教誨，而且還考慮到現代人的想法而適度調整。不管你是否認同這樣的說法，就是要告訴各位「這就是真理」。因為是經過佐證的真理，所以有勇氣的人，也可以各自來實證看看。不過對於沉迷於娛樂和智慧手機的現代人而言，似乎都欠缺了這樣的勇氣。

真理其實是相當有趣的，而且不能進行改良。「地球是圓的」，這是現代科學發現的事實，是所謂的真理，所以不需要改正。如果還是不滿意，「更嚴謹的說法是以數學方式說明其實並非是完整的球型」。而這樣的真理對於我們一般人而言，實在是難以驗證的說法。雖然說只要去太空旅行，就很容易能夠看到地球，但是卻沒有這樣的機會。不過由於「地球是圓的」確實是真理，所以沒有任何人會對此提出異論。

另一方面，針對「天神是上帝還是阿拉」的議題，卻呈現激烈的爭論。甚至還到了要為此殺人的地步，之所以會陷入如此窘境，答案就是「他在說謊」。如果能夠阻止發現真理時的人類爭鬥，那麼世界就會變得和平。互相為對方著想，彼此合作來努力獲得幸福。但是人類的迷信卻是會對此造成阻礙。

因為對於那些已經厭倦科學說法的人，會更注重精神世界，進而變得迷信。而認為「科學無所不能」的人，其實也是錯誤的想法。因為科學上有任何的突破，都會確實向外發表，所以不存在「我發現了一切」的科學家。一開始產生誤解，以為「科學能解決所有問題」，一旦發現到「科學無法解決我們的問題」，這次卻認為「宗教世界才能教導我重要的事」，而這又是再一次的誤解。在這樣的情況下，這些人心中所謂的「精神世界」，仔細想想，這其實是走向過去迷信風氣的文明退化。所以通靈者、占卜師、超能力者，以及能和宇宙聯繫的人等才會陸續出現。

科學應該是要在自己的研究領域內一步步去找尋真理，但是其中也存在有不能成為研究領域的課題。那就是「活著的意義是什麼、應該如何活著、應該以什麼為目標而活著」的這些問題。而佛祖的這位科學家則是有針對這個問題加以研究，而且還試著做實驗，並找出了答案。所以說能夠和佛祖做出相同實驗的人，就可以再次發現佛祖所發現的真理。

現代科學憑藉的是知識能力，需要透過知識來了解的，應該是容易被我們一般人所理解的部分。如果有像養老教授那樣具備有一定程度的人，或是具備現代科學背景，而來談論佛教真理的人來演講，那應該會有許多人會感興趣，到時候寺廟就能夠關門了。

釋　您言重了，其實寺廟沒那個必要關門啦（笑）！其實應該不只有「寺廟」這個領域該為此擔心。

即便已經有預想到對話的內容，不過兩人似乎從一開始就相互呼應對方的說法。

那麼就讓我們繼續將話題向下延伸吧！

愚蠢之壁＝自我的框架

釋　《鮮紅色的謊言》有描寫了養老教授在大學任教時，得知學生當中有人是奧姆真理教的信徒，然而對方卻對於「待在水中一小時」和「飄浮在空中」，這類無視身體機制的表現，抱持深信不疑的態度而受到極大衝擊。因為這顯示出一旦大腦製造了堅固的「某種框架」，大腦就不會去想要瞭解框架以外的一切。這就是「愚蠢之壁」的由來。

養老　沒錯。雖然是我自己寫的內容，但是要用簡短文字來說明「愚蠢之壁」，還真是不簡單，總之就是那種「隔離框」。

釋　蘇曼那沙拉長老您認為呢？既然佛道當中有提到「要先注意到我們不能從容易產生的自我框架中來學習事物，而且要鍛鍊自己去拆除這樣的框架」，那麼養老教授的說法和蘇曼那沙拉長老您所接觸的領域應該有共通點存在。

蘇曼那沙拉　其實根本就完全相同。所以說「愚蠢之壁」是很好的一個語詞，因為教授用了一個很有趣的詞彙來表現真理，以這種方式將這樣的想法推廣至世界各個角落。

我自己也很常使用「主觀」的這個詞彙，也就是佛教用語的「自我」，包括了「aham」（我是）和「mama」（我的）。人類只會以戴著「我是」、「我的」的有色眼鏡來看待事物，因此即便認為「自己瞭解所有的事」，但實際上卻什麼也不懂，因為只是擅自透過有色眼鏡來判斷所有的人事物罷了。

要是自己戴上了藍色的眼鏡，就會逕自認為「世間的一切都是藍色的。不管誰說了什麼，都不可能會有紅色存在」。而認為「世界是紅色」的人，同樣就只是戴著紅色眼鏡而已。之所以會這樣一直談論佛教的心理學部分，就是想要傳達給各位知道「人間的知識其實相當狹隘，只存在於外殼當中，而且是井底之蛙的程度」。

舉例來說，狗知道很多事，但卻僅止於狗的世界。當我們人類看到花朵盛開，心裡感嘆「多麼漂亮的景色」，但是對狗來說，只會覺得「這些花朵沒什麼有趣的，又不能吃」。

而我自己經常會用這樣的方式來比喻，就是「當你看到死老鼠的屍體時，相較於人類會認為『不吉利且令人作噁』，烏鴉則是會覺得『可以飽餐一頓了』」。像這樣待在自己的世界裡，處理所接收到的資訊，並擅自產生對標的物的認知。這就是所謂的主觀，並不具備有什麼特別的意義或價值，而且也並非絕對，不必大驚小怪。就誠如養老教授所說，知識是有界限的。

知識的三階段界限

蘇曼那沙拉　我認為將知識的界限劃分為三個階段會比較好理解。首先是有共通點的階段。就是透過眼耳鼻舌身來接收資訊產生認知，再經過判斷而成為知識。這類知識會隨著人的求生欲和恐懼感的不同而有所變化。產生認知後，為了要統整出一個系統式的認知資訊，大腦便會使用「自我」的這個概念。這樣的行為並非自我意識，單純只是為了要將好的資訊給統整系統化罷了。大腦科學家稱之為左腦的活動。

而這個身體過去曾經接觸到的資訊，其實跟現在活著的身體並沒有任何關係，因為現在的身體不同於過去的身體。「以前很開心」、「以前很痛苦」、「以前很厲害」、「以前被欺負過」、「以前很幸福」等，這些都和現在活著的這個身體沒有關係，而且也不重要。即便是即將要七十歲的人，感嘆著「以前很年輕」，但是「根本不具意義」。不過以前所接收到的情報，其實都已經藉由自我的這個錯覺概念的統整而系統化了。而這就是知識應該要發揮的作用，因為過去已經完全消失了，不可能會再重現。這表示就算把這些過去當做是不重要的東西，也不會造成妨礙。

大腦將過去的情報系統化後，雖然就能夠推測出「將來我會是這樣」、「我想成為那個樣子」等，但這樣的舉動並非是預知未來，只是擅自將過去的情報合成而製造出新的概念。我們推測未來所做出的預言，單純就只是將過去的情報合成後的產物，其實根本不具有意義。所以說宗教的世界雖然很喜歡預言，但卻一次都沒有預言成功。

再說活著之所以會讓人感到痛苦，就是因為以自私的這個妄想概念為出發點的與現實無關的知識與概念的系統化，所以人類才會製造出難以忍受的苦難，而身陷被煩惱、痛苦、憤怒、嫉妒、憎恨、慾望、傲慢等情感支配下的生活。這就是知識的第一個階段。這個道理可以套用到所有人類身上，而佛教則是主張所有的生命都能適用這套理論。

經由學習、經驗來彙整知識的這個方式雖然有問題存在，但是在這樣的情況下，我們仍是建立起了知識體系。於是各式各樣的學問就不斷出現，但是不用去學習世界上所有的學問。因為在人的一生當中，至少要學習到一個學問。不過由於知識的蓬勃發展，所以活在現代的我們，其實只要針對一個學問當中的微小部分進行徹底研究即可。這就跟學醫的人不必學習所有的醫學知識的道理相同。

但是也不能一概而論地形容這樣的知識水準不佳，因為這當中還是有能夠幫助你生存在世界上的學問存在。相反地，也是會有完全派不上用場的學問。那麼到底是哪裡會出現問題？首先是研究會花費你一生的時間，而且還無法完全精通學問。如此一來，學問本身就會成為自身的生存價值，而忽略了作為人類該如何選擇正確方式來活在世界上的這件事。接著因為是人類，所以會產生自我的錯覺，因為做學問與研究來獲得知識，並將其統整為一個系統，本來就需要有自我的錯覺。結果就可能在沒有察覺自我意識作祟的情況下，澈底地執著於自身的知識。這樣會導致大腦會變得僵化，對於其他非自己研究領域以外的事務毫無興趣。即便有人教導，自己也有要學習的意願，但仍然會是一頭霧水。那是因為大腦失去了柔軟性，主要是因為在學習過程中的固定學習模式所造成。這是第二個階段。

接著說明第三個階段。知識本身就誠如養老教授所說會製造出「愚蠢之壁」。即便是不那麼重要的知識或是很重要的知識，一旦自我的錯覺強度增大，內心與大腦都會變得不知變通。認為自己的主觀是真理，覺得這才是事實。即便是知識份子，在這樣的情況下，就連常識也會消失殆盡。但即便知識份子的知識僵化，也不能毫無根據地一口否定對方，頂多只能告訴對方說「人生並不僅止於此」。但由於自我的錯覺是超越常識的精神疾病，也就是大腦變得瘋癲。除了自己的思考模式外，什麼都看不到聽不見。這就好比養老教授有感於學生加入奧姆真理教那樣，如果說這些人是「大腦陷入框架」，那還算是好聽的說法，我其實想說的是「大腦遭到破壞」，就是生病了。這種疾病還可以分成能治療以及完全不沒救了的差別。

但即便是在無法驗證也沒有實證，卻仍然羅列出言論綱要的宗教世界裡，也能看出有這樣的問題存在，因為宗教懂得善用洗腦和控制心靈等方式。雖然神是人類所創造出的幻想概念，不過我認為信徒只要將「感謝神」的心意給說出口就已足夠。像是在大教堂等地所舉行的大型彌撒，活動主旨就是只是在「感謝神」，所以我認為神父們也不必為此換穿其他服裝。這其實就是其中一種控制心靈的方式。

雖然我們會製造出「愚蠢之壁」，但卻不會一直停留在這樣的情況下。而是會和這道牆發生激烈的衝突，因而陷入牆壁毀損不知如何是好的狀態。要是有人跳出來說「我是佛祖轉世」，那麼這些人就會不經查證，也絲毫沒有疑問地相信這個說法，這時候就會和這道牆起衝突而變得粉碎，變成支離破碎的人。而這則是知識的第三個階段。

佛教認為這三個階段是智慧的障礙。第一個障礙是每個人都具備的自我錯覺；第二個障礙是因為偏好自身知識與見解所產生的見漏[※3]；第三個障礙是進入眼睛即將失明的邪見[※4]狀態。

※3見漏：漏為煩惱。
※4邪見：不正確、有害的見解。

針對這個部分，佛祖所提倡的實踐方式為一步步去跨越知識的階段。首先是要意識到知識有階段存在的這件事。避免出現先入為主，將身體所接收到資訊現象化，以及創造出新的概念，其實這就是瞬間判斷的訓練。我認為隨著實踐有所進展，所認知的範圍也會逐漸變得更為寬廣。如此一來，高聳的「愚蠢之壁」也會變得越來越矮。那是因為以客觀立場發現了生存的意義，進而打破了越來越矮的那道牆。佛教稱這個狀態為涅槃，不過在此不會說明涅槃的意思。因為即便你問我說「怎樣的知識能夠破壞知識之壁」，我認為這也是從一開始就強人所難的假設提問。

「接受」這件事

釋　誠如蘇曼那沙拉長老所說，對於戴著「有利於自己」有色眼鏡的我們來說，佛教則是會引導我們朝著「拆解自己的框架來認識一切事物」的方向前進。養老教授在《愚蠢之壁》一書則是提到「人類相互溝通討論就能理解對方全都是騙人的」，這段話是在說明擁有堅固框架的大腦，本來就與框框外的事物無法溝通。那麼從大腦的架構來思考，關於所謂的「破壞框架來觀察事物」，又是怎麼一回事呢？

養老　以我自身的經驗來說，「破壞框架來觀察事物」這當中其實有讓人感到困擾的部分。

那是因為即便在工作時，也還是會遇到「到底怎麼一回事」的部分。像是醫療當然是為了要治好患者而存在的專業領域，但是就精神科來說，能夠治癒和無法治癒真的是難以回答的問題。躁鬱症等疾病患者就是很典型的例子，因為病患本身如果能保持飽滿精神就會是一件很幸福的事，但要是無法治癒就會每況愈下，會讓身邊的親人備感艱辛。如果是住在宿舍的學生，因為精神很好所以在清晨四點就起床，然後去一一叫醒朋友，精神飽滿地大聲說「現在要開始做早操囉！」雖然本人精神奕奕沒做錯什麼事，但是卻會對周遭的人造成困擾。

舉例來說，一般人因為不擅長處理人際關係，其實就是現在談到的躁鬱症的延伸，也就是「本人覺得沒問題，對方卻感到困擾」的情況。在這樣的情況下，如果把這件事一直放在心上思考，或許會整理出一點頭緒，但是一直拖下去，以夫婦的例子來說，一旦因為關係親密或是出現問題，而導致雙方情緒緊繃的情況，只要對方的意見與自己稍有不同，就會希望對方能夠改正，但是這卻會讓雙方大吵一架。我自己和妻子也會因為小事而產生摩擦，很希望對方能改變想法，所以會坐下來兩人徹底溝通一番。

釋　原來如此，你們夫婦倆真是了不起。

養老　雖然說我女兒都會在我們要開始溝通前進到房間來（笑）。不過我卻從這樣的經驗中，逐漸瞭解到「這麼做似乎沒辦法產生效果」。即便雙方持續地溝通再溝通，經過反覆的思考後，實際感受到了「就算只是一件小事，但是卻很難讓對方改變意見」。簡單來說就是產生了極大的副作用。

一開始只是想要對方稍微改變看法就好，只是個很單純的想法。認為只要自己的意見稍微改變了，應該就能拉近對方，也就是妻子與自己之間的距離，結論是因為這麼做會讓自己感覺到比較愉快。

但是現在的人似乎很討厭改變自己的意見。

釋　沒錯。包括按照自己想法的生活方式、風格在內，看起來就是希望能達成一致性的價值觀。即便是觀看電視上的議題討論節目，也沒有人會表示「原來如此，看來真如你所說，我願意收回之前說過的話」。

養老　在這樣的情況下，「我」、「我的想法」、「我是這麼認為」的話語就會顯得很礙手礙腳，而且我的妻子還能再活好多年。因為還有證據顯示，確實有人一直將「我」、「我的想法」掛在嘴邊，然後就能在這個世間過著什麼問題都不會發生的生活。於是便產生了「既然如此就不必刻意改變」的想法，所以當一方意識到「原來是這樣」，而願意配合對方時，什麼問題就不會再發生，不知不覺中彼此的意見就相互融合了。在那個過程當中，會發現到溝通變得越來越無趣，於是就放棄溝通。

釋　就是指完全放棄狀態。不，應該說是積極地「放棄」。

養老　沒錯，強調的是「放棄」的這個動作，因為心態上已經「願意接受」了。

釋　原來如此。就是將自己的框架稍微往旁邊一擺，只要暫時將「我」收入箱子內，配合對方的想法，就會讓整個人輕鬆許多。

養老　就是如此。不過應該有很多人會認為這麼做就會「失去自我」。

釋　人類擁有越是強烈的「自我」，遇到困難時就會變得更強的身體機制。另一方面也不喜歡逐漸失去「自我」。前陣子我有一個疑問，那就是「那個『自我』原先是指什麼？」，而似乎在佛教中可以找到與「那個『自我』相處的祕技」的暗示。

守著自我所帶來的煩惱

養老 換句話說，這就表示怎麼樣都無法放棄自己的意見，認為無法配合自己是弱者的表現，因為是弱者所以才會如此努力。

我經常去寮國等地採集昆蟲，那邊的市場有許多販賣昆蟲的攤販，因為當地的飲食文化當中也包括食用昆蟲在內。所以說當地的大人根本不需要親自去捕抓昆蟲，但是我卻經常去那邊這麼做。當我到了這樣的地方後，也會嘗試從沒吃過的食物。還是得歸功於我擁有強壯的腸胃功能，要不然還真的不能放肆地什麼都吞下肚。

從以上的這個例子看來，即便「接受」的想法對自身不是那麼困難，然而一旦全盤接受，不管是誰都會產生一股「自我遭到摧毀」的恐懼感。如果要說這樣的恐懼從何而來，其實是來自於害怕「現在的自我會死去」的情緒。要是現在的自己搖身一變成為截然不同的自己，因為是全新的自己，所以會特別重視現在活著的自己，所有人都會產生這樣「不想殺死自己」的情緒。不過對於我現在所說的這番話，各位應該也不會過度去鑽牛角尖思考才對。但是卻會在不知不覺間產生這樣的情緒，要是有因此失去判斷力的人，另一方就得不時展現出願意接受對方的態度。

釋 對了，這讓我聯想到有些人就是會汲汲營營要去守住「屬於自己的東西」。有時候看到這種人，腦中會浮現「感覺過的很辛苦」、「生活應該很辛苦」的想法。

養老教授在著作以及演講當中都有提到「最近的人都會找適合自己的工作，所以才會老是遭受到挫折，因為應該是要工作配合自己才對」。總覺得這部分和「接受所產生的恐懼感」以及「汲汲營營守著自我導致煩惱」的相關問題應該都有所關聯。

自我的世界一旦僵化，就是在往後退

蘇曼那沙拉　針對「找尋適合自己的工作」一事，我所抱持的想法與養老教授相同，對這樣的想法是持反對意見。因為這是對於「不想改變自己」、「不想有所成長」、「不想要進步」的反進化論，因為不願意進化。

釋　現在的人們都是以「不屈服的自我」確實「存在」為前提來做每件事，因此才會朝著「找出更適合自己的工作」或是「尋求更適合自己停留的場所」的方向來前進。我記得以前「探詢自我」的這個詞彙也曾經帶起一陣風潮，然而以「找尋真正的自己」為前提，所衍生出的「不想要自我受到傷害」、「拚死也要守住自我」的生存方式，不就是持續製造出構造性煩惱的原因嗎？

蘇曼那沙拉　我完全贊同這個想法。這個情況就是剛好選擇了認為與「自己很合的工作」，如此一來，就會很有幹勁地要展現出「我在做這份工作」的熱忱。然而這樣強調「自己在做這份工作」的舉動，其實是一種後退行為。因為世界會持續地變化，所以自己絕不能就此停下腳步。這樣的心態會導致自己在世間的存在感越趨薄弱，並逐漸失去活在世上的能力。

因為沒有人會知道明天的世界會出現怎樣的變化，所以我們在精神上就必須保持「不管遭遇任何事都知道該如何應對」的開放式心態，也就是以開放的態度去接受一切。但若是自己的世界因此停滯不前，也很難不朝著所有不合心意的事物發脾氣。即便是選擇了能讓自己投注所有心力，認為「我就是為了這份工作而活！」的工作，還是會經常發生不順心的事。因為若是以「我很努力做這份工作！」的心態來工作，只要工作上稍微有不合己意的情況發生，就會失去對工作的熱情，而且會變得很愛發脾氣。然而在這個世界上，多的是無法在自己掌握之中的事，沒辦法管理或是選擇你要看見以及聽進哪些東西。因此還是要早點看清「不會事事如意」的事實，即便周遭事物再怎樣對自己不友善，抱持著「我一定要設法跨越難關！」、「不要動怒而是要付諸行動」的挑戰冒險精神，這樣的人生會比較輕鬆。但是要達到這樣的目標，自我意識就會成為一大阻礙。

不存在「真正的自己」

蘇曼那沙拉　自我意識會讓人無法愉快地活著。就如同釋師父所說那樣，「某個地方有真正的自己存在」，其實是一種幻想。一開始養老教授有提到「認為所有事物都能順從己意，但事實卻並非如此」，這才是真實情況。如果說確實有「真正的自己」存在，那麼本人應該會是最瞭解的人。然而對此大家卻只是口徑一致地表示「應該是存在」，為什麼是推測的語氣呢？就現實的觀點來說，就是因為「不滿意現在的自己」。

釋　確實是如此。「有真正的自己存在」與「不滿意現在的自己」之間是共犯關係。

蘇曼那沙拉　因為無法忍受現在表現不盡人意的自己，有許多需要改進的地方，所以才會產生「真正的自己存在某個地方」的想法。

其實只要去除自己「應該存在」、「應該存在於某處」的想法，只要注視現在的自己，事情就會變得簡單許多。這樣就能發現到「其實我們並沒有自我，自我只是個錯覺」的這個事實。不論是錯覺還是幻覺，「自我」並不存在於現實中，只要抱持這樣的心態，應該就能養成適應環境的能力，並不如想像中痛苦。因為只要拋棄掉自我的這個錯覺來過自己的人生就十分足夠了，如此一來，每天的自己就會繼續前進。

遇到困難拋下「自我」會輕鬆許多

蘇曼那沙拉　以日本東北大地震的例子來說明，如果「瞭解到自我並不存在的我」是受災戶，情緒上就不會產生劇烈的波動，因為能夠立即視情況來調適心情。

大地震會對許多人造成超乎想像中的嚴重損害，失去原本熟悉的生活步調，這實際上是相當痛苦的一件事。這時候要是自我意識越是高漲，那就會想起過去的回憶，如此便會陷入恐懼與痛苦之中。因為過於悲傷顯得坐立難安，身體和心靈都被箝制住而無法動彈。

只要掌握好自己周遭的真實情況，思考「該如何讓自己能活得快樂」，其實就什麼難關都可以順利度過。而抱持這樣想法的人，也能夠對他人伸出援手。但如果是因為想起逝去的親人，或是失去的工作和財產，而陷入悲傷情緒之中，要如何幫助這樣的人就會是個極大難題。若是災區義工和受災戶感覺「寒冷」，那就只要拿毯子和電火爐給對方就好，但是對方的「寂寞悲傷」情緒，旁人卻一點忙也都幫不上。因為一個問題會無止盡地多方延伸，要是擴大為難以解決的問題時，那麼我們的內心就會染上一種名為「自我錯覺」的疾病。

或是想要和其他人維持良好的人際關係，這時候自我錯覺就又會神出鬼沒來破壞彼此的感情。當兩人想要過著和諧的生活時，成功率的關鍵其實就在於「自己能夠做到哪種程度上的拋棄自我」。因為通常是不那麼看中自身利益的人，比較能夠和其他人融洽相處。要是不具備這樣的能力，那就最好還是一個人生活，因為要配合他人的情緒，某種程度上還是得保持穩定的情緒。需要有一定的忍耐力以及體貼的心。換句話說，想要和他人過著和諧的生活，就是件極度麻煩的事。

而佛教經典中有記載「三個和諧共處的祕訣」，一是捨棄自我站在對方的立場來思考後再行動。二是雜事和必須完成的事不要先決定負責人，以這並非特定人士的義務和工作的態度，讓能夠發現問題的人負責該項事務。舉例來說，就是推翻以往指定「某人負責料理」的做法，而是讓能夠察覺食物不夠的人來負責所有人的伙食。三是定期與所有人進行溝通。

雖然說這樣的想法已經是十分完善，但以我個人來說，還是比較喜歡一個人過生活。

釋　原來如此。其實我也是比較喜歡一個人生活。

蘇曼那沙拉　一個人就不會受到他人打擾，可以自由思考，做自己想做的事，真的是無限歡樂的一人生活模式。因為腦海中的想法不會受到任何限制，一個人就能夠完全按照自己的喜好來做任何事。

但要是「喜歡一個人的我」所居住的公寓倒塌的話，那麼我就得被迫前往避難場所。這麼一來，就必須和一大群人一起生活，在那樣的情況下，若是以「自我」為出發點來思考，當然會認為「自己很倒楣」。而且一旁還有人在睡覺，完全沒有一人獨處的空間。不但會聽到一切發出的聲響，就連其他人的聲音都能清楚聽見。這時候若還是抱持自我意識，那真的會「陷入絕望深淵」。

不過我會試著去幻想「拋棄自我的自己會是什麼樣子」。拋棄自我的我應該會向對方問候說「你好，以後多多指教，好好培養感情吧！」把對方當做是新的家人一般對待。

到昨天為止還是一個人入眠，但是從今天開始卻能夠和百人一起入睡，能夠因應新的情況來切換自己的情緒。如此一來，精神上就會愉快許多。

釋　原來如此。

到這裡為止的談話內容都是繞著養老教授口中的「愚蠢」，以及蘇曼那沙拉長老所提到的「無知」話題打轉，在自我和以自我為第一優先的情況下，能夠清楚感受到這當中所存在的共同基礎。

然而「愚蠢之壁」所衍生出的問題與煩惱，在「愚蠢之壁」解體前都還會持續存在。同樣地，以自身利益為出發點而產生的「無知」，除非當事人有注意到自己的「無知」，否則生活中所有的煩惱都會一個接著一個隨之而來。

第二章

「死之壁」與「社會之壁」

「我」與「死亡」以及「喪禮」

釋 我還在讀書時，有一部名為《家族遊戲》的電影上映。導演是森田芳光，主角則是由松田優作飾演。我印象中記得這是一部由松田優作演出一位家庭教師，劇情主要是以這個家庭為中心，刻劃出潛伏於平凡生活中焦躁不安感受的電影。而這部電影當中也時常出現讓我「甚有同感」，且留下深刻印象的畫面。其中包括了以下的這一幕。

居住在同一社區的一位女性（戶川純），因為有事而來求助由松田優作擔任家庭教師的這個家庭的媽媽（由紀沙織）。女性表示：「我住在五樓，我們家的爺爺好像快不行了。」於是媽媽便立即回應說：「妳辛苦了。」接著這位女性又說：「等到他死後，這個社區的電梯放不下棺木，那該怎麼辦？」

因為觀眾都還以為這位女性是為了「爺爺的身體狀況」而在擔心，但其實她的困擾卻是「這個社區的電梯空間無法容納棺木」的問題。結果媽媽表情嚴肅地回答說：「只要將棺木立起來就可以進來了……」。這個畫面雖然讓觀眾不禁莞爾一笑，但是我的腦海卻因此閃過一個想法。

那就是社區的這個居住空間，原來就沒有將「人類死亡」當做是設計規劃的考慮條件之一……。讓人不禁對此產生一股空虛感。

現代社會似乎時常展現出「不要注意到死亡的這件事」、「對死亡視而不見」的一面。即便「隱匿死亡」和「藏匿遺體」的行為當然不能算是現代社會的特色，但是「沒有考慮到死亡的體制」，以及「不把死亡納入條件的裝置」的這股風氣也未免過於盛行。

因為在這樣的情況下，難免會讓人擔心現代人是否會因此產生「對死亡的無知」。養老教授您之前也曾出版過《死亡之壁》（二〇〇四年新潮新書出版）一書，不知道您對此議題有怎樣的看法？

養老　我的工作就是要親切地去對待死去的人，而且要實際用雙手碰觸死者並進行解剖。就是因為我有這樣的經驗，所以我才會從年輕時，就拼命在思考「死亡到底是什麼？」雖然我從中學習到的知識並不具備「科學性」，可是我知道死後的身體重量比起活著的時候其實沒有多大改變。所以我才會對「人死後到底會發生什麼事」的議題如此感興趣。

但即便是不曾接觸解剖這個工作的人，應該不管是誰，大家都應該多多少少會思考過「死亡」問題，像是「死亡代表了什麼？」、「死後會發生什麼事」等，這也促使人類會更想要深入去瞭解「死亡」到底有何重要性。

然後隨著歲數不斷增長，眼看已經接近死期的現在，我卻完全沒有在思考「死亡」的這件事。要說原因應該是我認為死亡並不是單純指失去生命，因為執著於「死亡」這件事，根本就不具意義。

我在面對死者時，心中所想的是「自己並不是屍體」，會有這樣的感受其實一點也不令人意外。這也就表示當自己變成屍體後，只會有其他人看到這樣的自己，自己並不能看到這樣的自己，因為自己的屍體對自己來說並不存在。如果仔細去思考「何謂屍體」的這個議題，就會發現實際上我們只會將不認識的人看作是屍體，因為我們並不會將父母、手足與關係親近的人死後作為屍體看待。

釋　確實如此。更進一步去探索「自己的屍體並不存在」的觀點，就更能感受到「不會將關係親近者當做屍體看待」的這個事實。

養老　沒錯，所以才會有撿骨的這個動作。

就這一點來說，年輕人或許不太能產生共鳴，但所謂的戰友就是指一同睡覺吃飯，一同出生入死的人，有時候甚至比自己的親人關係還要更親近。這些人一旦長眠於南方之島，在確定為本人之後，戰友就會萌生一股要將死者帶回故鄉的想法，同時也會對自己得以存活返回故鄉而感到慶幸。

但其實這股「怎樣都想要將戰友帶回故鄉」的想法，其實就是認為「戰友還活著」。即便向其勸說表示「他本人都已經死了，把骨頭帶回去還是不帶回去其實沒什麼差別」，但對方的內心卻不是這麼想的。

所以才會說「活著」與「死亡」果然是表裡關係，因為像是佛教的法事等儀式，就是為了讓親人認清到親人的死亡，而持續很長一段時間的活動之後，還要思考接下來的初七日、四十九日（滿中陰），然後要進行一周年忌、三回忌……。

釋　原來幫死者舉行紀念儀式，就是反覆在告知「親人已經過世的事實」。

養老　沒錯。儀式內容之所以瑣碎時間又長，就是在確認「親人已經死亡」的這個事實。如果沒有讓死者親人認清事實，雖然說還是能抱持著「親人仍舊活在自己心中」的心態繼續過生活，但若是跳過這個步驟，我認為還是會導致死者親屬在日常生活中的不便。

我還以為這樣的情況只會出現在人類身上，直到看了一段影片後，才發現原來猴子也會出現相同的反應。應該有不少人也曾經看過猴子媽媽一直抱著死去的孩子，直到牠變成乾枯屍體的畫面。

蘇曼那沙拉　我有看過。

養老　我也在思考這個問題的過程中，瞭解到原來「活著」和「死亡」是沒有所謂的界線存在。所以說只會將「死亡」拿出來議論的這個舉動，不知從何時開始已逐漸消失。那是因為一個人的死法，其實就代表著那個人活著的方式，所以與其去探討死亡的這個議題，還不如去思考該如何活著會是比較有效率的做法。

不過在現實生活中，近年來有不少人會就自己的「死法」，而來籌劃喪禮事宜。

釋 確實如此。有些人認為在生前就應該規劃好自己的喪禮細節，而且其中還包括了「留下人生最後的紀錄」。

養老 雖然這樣說對有些人有點抱歉，但我其實不是很喜歡這樣的做法。因為畢竟是要由那些還活著的人來負責舉辦喪禮，老實說和死者本人已經沒多大關係了，要親口說出託付事項還真的是蠻多此一舉的。

釋 其實應該要考慮到那些還活著親人的感受，換個角度思考，這個方式或許是有些傲慢。

養老 沒錯。沒有必要在死後還對這個世界產生依戀，還不如在生前就沒有遺憾地活著不就好了。就像是會說出「喪禮？那就由還活著的人來負責就好」的人生態度就很不錯。當然會在意自己喪禮細節的人，也不是真心想要給人添麻煩，但是多少還是會讓外界產生這樣的感受。

釋　而且還有人會指定在自己喪禮上要播放的歌曲，我從僧侶友人那裡聽說受歡迎第一名的歌曲似乎是《像河川一樣》。居然在這樣的場合還要如此表明自己的喜好，讓人不禁覺得「這個人是多麼執著於強調『自我』」。

「死亡」是為了「活著」而存在

釋　接著來聽聽蘇曼那沙拉長老的意見。

佛教認為「真實體驗到死亡帶來的鮮明印象，就是檢視自身框架的鍛鍊」。舉例來說，就是「住在墓園裡真實感受到死亡」，但其實就是指「善用死亡來認清自己到底想要怎樣活在世上」。

就誠如剛才養老教授所提到的「死亡到頭來就是深不可知，重點是要懂得藉由死亡來轉換自己還活著的人生」。

蘇曼那沙拉　我也是這麼認為。因為大部分人都會選擇對死亡這件事視而不見，也就是不去思考死亡，因為沒有一個人會喜歡「死亡」這兩個字。所以會認為人類並非死亡，只是去了「別的世界」，是受到「天界的招喚」。西方世界稱之為「永眠」，明明只要直接說「死了」就好，但是人類的情緒卻不允許我們這麼做。

敵人死了，毫無關係的人死了，親人受到天界的招喚。然而我們卻沒有注意到這個說法的矛盾，因為親人之所以會比你還要早一步受到天界的招喚，那就表示天界討厭你囉？

至於信仰如來佛的信徒，則是會以「往生」來代替死亡二字，所以說那些死掉的人就是受到如來佛的喜愛囉？因為潛意識想要告訴自己「死亡與人類毫無關係」，所以才會表現出這樣的矛盾。

然而對死亡一事打馬虎眼，那就表示你這個人完全不具智慧，人類的內心毫無成長。因為不想死而做出有違常理之事，但是到頭來仍是會邁向死亡，使得一路以來的努力都化成泡影。

佛教認為「面對死亡的這個現實，就是擁有智慧不可或缺的關鍵」，於是死亡的這個現實，就成為了宗教的買賣專利。而一般的宗教都是在提倡「不要害怕死亡，因為你的生命是永恆的」。因為太想要擁有這所謂的永恆生命，所以各個宗教都會提出各式各樣的建議，告訴人們哪些行為絕對不能做。簡單來說就是會產生「不想死」、「死後也想要繼續幸福活下去」想法的人，其實就已經成為了某種信仰的人質。在這樣的情況下，宗教就不能帶給人自由，而是對人做出誘拐的行為。

因此佛祖無可避免地就必須對死亡的這個現實做出正確的理解方式，那就是「死亡是存在於現實當中，完全不能逃避。因為自己無法理解自己的死亡，所以要透過觀察他人的死亡來認識自己的死亡」。藉由這個方式，也能夠讓那些情感倒置認為「自己不會死」的人認清事實地活下去。

而佛教也相當推崇觀察遺體的做法。即便不被已經遭到謊言埋沒的現代社會給認可，但仍是可以在專家解剖遺體時，讓那些佛教徒在旁觀察。我以一位佛教徒的立場來觀察，像是養老教授這樣的人，就是令人羨慕的存在。因為他有很多機會能夠以自己的雙手來解剖許多的遺體，表示上天給了他很多機會，可以去思考死亡和活著到底是代表了什麼。

佛祖時代的印度，一般人在死後也不能舉行盛大的喪禮儀式，而是直接將遺體丟棄在墓園內。而且會在距離住家比較遠的地區設置遺體丟棄場，因為一般人還是有著「遺體不吉利」的幻想。而且親人在丟棄遺體後就會快步離開，所以說一般人不會逗留的遺體丟棄場，就是出家人的研究場所。所謂的研究場所就是指修行場所，可以在那個地方來澈底觀察遺體。

有時候死者親人會付錢給墓園管理人來幫忙燒掉遺體，就是將遺體切成好幾個部分，然後用少量的柴火燃燒。至於不火葬的遺體則是讓其自然腐化，而出家人則是會針對此現象來進行觀察。結果會發現到自己對於活著的無意義執著也會逐漸消失。

不論是知識份子、一般大眾或是貧窮人，都能透過這個動作來實際感受到這些人的死亡。與其在腦海中不斷想像，還不如實際用雙眼來驗證現實，這樣比較能留下深刻的印象。於是對於活著的執著，對於身體的執著，以及對死者的恐懼感也會因此逐漸消失。感覺就像是經歷了一場知識革命。

人類的大腦是會被求生欲以及恐懼感所支配，而所有的知識都是在這樣的情緒下被製造出來。而這些慾望之所以會逐漸消失，簡單來說，就是在進行大腦的革命。原先被腦幹以及大腦邊緣系統所支配的大腦，轉而成為在掌管理性的大腦新皮質的管理之下。

不管是怎樣的瞬間，人類都有可能會死亡，因為活著的保證並不存在。雖然不能說「明天一定會活著」，但是卻能斷言「明天有可能會死」。如果將這樣的事實輸入大腦內，應該就能改變我們的生存方式。

而這正是會被慾望與恐懼啟動的原始大腦所討厭的情報，不過只要內心接受了死亡的這個現實，就能夠抱持不論何時會死都要毫無遺憾充實過生活的態度。瞭解到自己不應該虛度時光，渾渾噩噩過日子，而且會更想要知道何謂有意義的生存方式。

不過只是相信有死後世界存在還是不夠的，因為相信後就會失去質疑而相信一切，甚至連明天的天空會掉下鈔票的說法也會深信不疑。然而這個說法卻不會真的實現，因為想要得到金錢就得去工作或做生意。同樣地，如果想在死後變得幸福，就會知道這當中還是有各自的過程存在。即便相信有永遠的天國存在，那也一點也派不上用場，因為唯有親自確認過死亡這個現實的人，才能夠選擇對自己有意義的生存方式，而且不會想要去犯罪。

即便是日夜都在確認死亡這件事的人，也不會因為任何事而產生動搖，也不會因此走錯路，那是因為人類總有一天都要面對到與親人的死別。這對於否定死亡的人而言會是難以忍耐的衝擊，所以才會說對於能夠親自確認死亡的這件事要心存感激。這個道理就是在說明佛祖希望那些因為對死亡產生恐懼感，而成為宗教人質的人，可以在不付贖金的狀態下被釋放。

「我不會死」是大腦的前提

蘇曼那沙拉　還有一個重點。那就是大腦基本上是以「我不想死」為前提，而在怠惰活動著，因為大腦會產生「我不會死」的自我暗示，其實就是為了偷懶而製造出的理由。

但若是當生命面臨到死亡之際，身體卻又會發出強烈的能量。因為要保護生命而使出愚蠢的力量，這股力量並非從外部吸收而來，而是原本就隱藏在身體以及內心的能量。而人類的這股力量是只有在遭遇死亡才會有所發揮。可以比喻為地球上沉睡的油田，所以還是得將這股力量給激發出來。

一旦去觀察死亡，這股力量就會積極地出現，這是突然面對到出乎意料外死亡時的人，所無法做到的。唯有按部就班不分晝夜都在觀察死亡的人，才能將原先害怕死亡，想要保護生命的強烈情感轉換成積極的能量。體會到「雖然我現在可能不會立即死亡，但是也不保證我明天就一定是活著的。我必須死命地修行來從這樣的恐懼當中逃脫」的道理。

換句話說，就是心中湧起一股能量，一旦實際感受到死亡，內心就會進入緊急模式，讓所有能力都集中起來。而為了要讓大腦的活動產生逆轉現象，而到達逃脫狀態，就必須預備這樣的力量。因此佛教並不是教導人要從無可避免的死亡當中逃脫，而是要在面臨死亡時進行觀察，也就是與「死亡」打聲招呼。雖然實際上無法跟自己的死亡「打聲招呼」，但卻可以從他人的死亡當中展開修行。如果想要讓自己的人生變得積極充滿希望，活得更有意義的話，那就要認同死亡的這個事實。

釋　原來如此。就是將死亡當做是其中一種克服無知的手段，而會歷經這樣的過程。

蘇曼那沙拉　沒錯，這就是我想說的。

因文化差異對遺體產生不同感受

釋　剛才養老教授已經說明了自己因為工作，而必須多次面對眼前的遺體，所以不得不去思考死亡問題。

很顯然地印度文化圈對於「遺體追思」給人的印象，比起日本文化圈要來得淡薄許多。就這一點來說，蘇曼那沙拉長老您有任何想補充的嗎？就誠如養老教授的舉例那樣，日本佛教會為了逝者舉行頭七日、二十七日……、滿中陰、百箇日、初盆等一連串的儀式。但是印度好像就不會這麼做。

蘇曼那沙拉　其實不太能一概而論。雖然說是比較不注重遺體的處理，但是喪禮儀式和對逝者的追思部分也還是蠻複雜的。我認為日本的喪禮儀式多少也有受到印度的影響，混合了中國的風俗、日本獨特的習慣以及佛教的禮俗，最後呈現出日本的喪禮儀式，而且現在還加入了現代西方的做法。但是卻沒有發現到這樣的事實，還認為這就是按照日本自古所流傳下來的習慣在舉行喪禮儀式。

像是佛教在舉行喪禮時，以及在修行時在家都是穿著白衣。這個動作表示死亡並非是悲傷的，也不是出乎意料之外，而是很自然就會發生的事。所以才會在這樣的情況下穿著白色衣物。由於在西方認為死亡所代表的是意外，所以會給人黑暗的印象，所以在喪禮時會穿著黑色服裝。至於現代的日本則是遺體穿著白色衣物，參加者身穿黑色服裝。一般認為這是日本的傳統做法，但事實並非如此，而是文化融合下的產物。

釋　您的意思是說就連「對遺體產生的感受」，都會因為文化差異，而表現出不同程度的落差嗎？

蘇曼那沙拉　這個部分也是如此。我以外國人眼光來看日本的社會，會覺得日本人為什麼那麼執著於骨灰。如果是我的話，就會很淡然地說出「將骨灰丟掉」的這句話。

釋　實際上印度文化圈確實是會將骨灰給丟掉。

蘇曼那沙拉　有些日本人甚至還會問我「您死後要怎麼來辦後事？」我回答說「火

葬」，不過這個簡單的回答似乎會被誤會跟日本沒什麼兩樣。所以我還會為此特地進行說明。

「由於墓地空間不大，所以是直接以柴火來火葬。雖然也會使用看起來很奢華的棺木，但是只挖出能容納棺木大小的洞穴，然後放入大量柴火，一具遺體使用了差不多能燒掉大約二十具遺體的柴火來火葬。

到了隔天等到死者化成一堆灰燼後，就將其全部丟棄，然後在同一個地點再次挖出能容納棺木的空間，接著再火葬其他遺體」。在我做出以上說明後，對方又問說「那些丟棄的骨灰會怎麼樣？」我回答說「就順著雨水流走了」，然後對方的臉上就浮現出了「真是野蠻」的表情。

釋　看來隨著各個地區的文化不同，對於遺體和屍體的感覺和風俗也會出現差異。

養老　我很夠理解這的確是因為文化不同所導致的差異。不過相反地這也就表示「一定得這麼做」的既定做法原先並不存在。因為要是伊朗人在日本火葬就會產生問題，因為在伊朗火葬是不被允許的。

釋　這種事還真的發生過。就是那次將無法辨別身分的死者火葬，後來才知道他是穆斯林的那件事。

養老　後來中國等地還出現鳥葬，就是遺體被鳥類啃食，不過最近似乎鳥類也不太啃食屍體了。因為使用了ＤＤＴ殺蟲劑，最近則是有放射性物質入侵體內，感覺人類體內累積了最多的毒素，當然我也可能是其中之一。

釋　意思是就連鳥類也不願意吃了。

養老　沒錯，雖然這比較像是在開玩笑，之所以會存在如此多的埋葬方式，其實就表示埋葬方式「並不具備必然性」。極端的說法是這件事根本不重要，要怎麼處理都可以。因此若是以「文化差異」的角度來看這件事，會發現其實相當有趣。

我待在寮國的那段時間，剛好有經過火葬場所，就是在野外將木材堆起後燃燒。我想斯里蘭卡應該也是採取相同方式。那個地方並不是墓園，而是靠近村落的森林裡，似乎從很久以前就是在那個地方燃燒遺體。

因為我是為了要採集昆蟲，而且森林也是發現從前遺留下來墳墓的好地方，所以我很常去那個地區。不過由於近年來的森林開發案持續進行，這類的自然環境也逐漸減少，當地人對此應該會感到困擾，因為不知道該將遺體放在哪裡火葬。

蘇曼那沙拉　斯里蘭卡基本上還是有墓園，那邊就可以進行火葬，有些擁有土地的人，則是會在自己的土地上火葬。我的老師過世時就是在寺廟前火葬，因為不想要將尊敬的老師送到遠方去火葬。雖然有因此被責罵說「建築物旁火葬很危險」，最後仍是順利完成。

至於小乘佛教的習慣則是不會有墳墓，但是會舉行法事。其中包括有頭七日、百箇日、一周年忌等。還有會在特別想念死者時，於隔日進行法事。不過還是不會有墳墓。有些人因為自我意識強烈，而仿效西方文化來立墳墓，但人數上還是不多。

日本封閉社會所面臨的腦死問題

釋 對遺體的追思，以及死亡與身體的關係其實是密不可分的，但是「腦死問題」在日本也是呈現前途未明的模糊狀態。

在「腦死」到「器官移植」的技術成熟的那個時間點，大部分的基督教以及伊斯蘭各派系都是抱持可以忍受的態度。但是所謂的可以忍受是指「器官移植仍是不光榮做法」的論調。然而日本卻對此抱持相當謹慎的態度，明明技術不會輸給其他國家，但是卻比其他國家晚了十年以上的程度。可以說在世界上找不到另一個像日本這樣對於「腦死、器官移植」如此不開放的國家。而這當中也摻雜了不少複雜的議論。

那就是有關和田移植[※5]所產生的問題，以及對於只有專家才能判斷死亡的不信任感。而且關於遺體的情緒部分也引發議論。

※5和田移植：和田心臟移植事件，一九六八年（昭和四十三年）八月，札幌醫科大學胸部外科的和田壽郎教授進行了日本首次的心臟移植手術。當初手術是被視為醫療技術的一大進步，但就在移植手術的八十三天過後，接受心臟移植的病患死亡。病患在生前就被揭露出手術的諸多問題，和田教授甚至在一九六八年十二月因為殺人罪而遭到告發。即便最後因為罪證不足而獲得札幌地檢的不起訴處分，但仍是有諸多疑點被揭發出來，包括了捐贈者可能非腦死狀態、受贈病患本身的病情可能不適合移植，以及病患自己的心臟失蹤了三個月以上時間，被找到時也疑點重重，這次的事件也對日本的移植醫療技術造成極大的影響。

因為即便只是裝上生命維持裝置，外觀看起來也跟平常呈現睡眠狀態沒什麼兩樣。但卻有人對此提出「這已經是死亡狀態，所以內臟可以取出另外使用」的想法，一時之間對這樣的說法當然難以接受。

養老　關於現在所談到的情緒問題，我有很長一段時間也都在思考這個問題，當時也引發一波的論戰。我認為那樣的看法雖然沒有得到多數人的支持，主要的原因是基於「社會輿論」。我在進行解剖時也有一樣的感受，那就是死者親人對於屍體的態度似乎會跟著社會輿論的方向走。

以醫學上的末期治療立場來說，大多數病患的家屬都還是會表示「請盡一切所能給予病人協助」。日本厚生勞動省統計資料中顯示，以癌症病患在半年內接受治療，最後仍不幸往生的例子來說，比起最初的五個月，最後一個月的醫療費用增加了一倍以上。而且最後一個月，還是包括不滿一個月時間的費用倍增情況。

釋　原來是這樣啊！

養老　而且在厚生勞動省的公務員認為以常理來說，也認為「這是浪費行為」。不過病患之所以會在往生前醫療費用倍增，我想各位讀者應該能夠理解這樣的情緒。那是因為在各位的心中，都還是會在意「社會的多數輿論意見」。這裡所指的「社會」其實也包括了關係疏遠的叔叔以及親戚在內。就是因為不想要被這些人「說三道四」的情緒，所以才會在不知不覺中對醫療人員施加了壓力。於是醫院方面也必須避免出錯，但卻是導致了過度醫療的現象。

關於腦死的問題，我認為當中最典型的還是那個問題。以日本情況來說，實際上是由社會來認定一個人是否死亡。雖然和尚不是很認同這樣的說法，所以會在喪禮後撒鹽，但其實這個舉動相當不符合常理。

釋　通常不是認為灑鹽這個動作是要去除死亡的穢氣嗎？

養老　我認為「去除穢氣」其實只是表面的說法。真正想表達的是「死去的人從今天開始就已經不是我們的夥伴了」，其中藏有這樣的意圖。這樣直接了當的說法或許會被認為帶有歧視，但其實就代表死去的人已經被團體給排除在外了。死人遭到驅逐，比較好聽的說法是「成佛」，有時候也會因為死因不同，而惡意形容其成為了「土左衛門」[※6]，但其實就只是在直接表明「此人已經不是夥伴」。因此死後就必須改名，所以才會有戒名存在。關於這個部分，佛教雖然有其他的說法，但若是以社會的角度來看，這樣的說明應該會比較容易理解。

※6土左衛門：日本享保年間的相撲力士——成瀨川土左衛門因為外型肥胖膚色蒼白，與溺死屍體的外觀相似，而成為溺水死者的代稱。

只不過我直到現在還是認為這樣的說法還是不符合常理，而無法讓人真正信服。因為是否為夥伴的判定，都是來自於團體中對此人私下的了解。

釋　「給死者取名或是有意義的名字」的做法，確實有表示神聖的意義，不過也代表了「彼此已經並非水平關係的夥伴」的意思。像是「為了讓死者具備僧侶身分而取戒名」的方式，應該也是同樣意思。

養老　沒錯。經常會聽到「死後成佛」的說法，或是「土左衛門」的形容方式，我從年輕時就對於為何會對死者評價高低不一的現象而感到困惑，直到我意識到這原來是「取決於與社會之間的關係」，而終於找出能說服自己的理由了。以這樣的觀點來思考，應該就不難瞭解日本的腦死問題，到底陷入了怎樣的困境之中。

如果要說處理腦死事件當中的哪一個環節出現問題，其實就是由醫師的這個特定職業集團來決定「此人已經死亡」，也就是將其「驅逐出境」的這個做法。而日本的社會是絕對不會允許有這樣的情況發生，因為要判定「驅逐出境」，原則上就必須要是村子內的人都意見一致。

所以在舉行腦死臨時行政調查會議時，才會有像是梅原猛先生那樣毫無關聯的人，跳出來表示「若是認同這樣的做法會傷害日本的傳統美德」。因為他認為這樣的行為就代表社會構造會走上崩壞一途。

釋　原來如此，原來是這樣啊！

養老　至少我是這麼解讀。

結論是腦死並非死亡

養老　我認為這是只會發生在日本的特殊現象，其中也有讓我留下深刻印象的部分。其實政府的臨時腦死與臟器移植調查會（腦死臨調）的座長——森亘教授和我隔壁房間的教授關係很好，他當時是這麼說的。「委員會所討論出的結論只有四個」，也就是「腦死是死亡，可以進行移植」、「腦死是死亡，不可以進行移植」的意見，以及「腦死非死亡，不可以進行移植」、「腦死非死亡，可以進行移植」的四個選項。仔細想想，對方表示不了解為何會出現「腦死非死亡，可以進行移植」的這個結論。

釋　而且是四個當中最不合理的選項。

養老　確實不合理。不曉得為何腦死臨調會做出這樣的結論，而且是最不合理的結論。

這樣的結論表示不認為「腦死是死亡」，但是又表示「移植手術很常見」。之所以會有這樣的答案出現，關鍵還是在於社會觀感，因為考慮到民眾觀感，所以要有曖昧空間，要不然爭議就會繼續擴大下去。

所以說指所以會認定腦死並非死亡，就是考慮到社會大眾的觀感，一方面表明「醫生並沒有擅自將這個人給驅逐出境，或是判定其已經不屬於夥伴」，但是有強調說「移植手術很常見」。

釋　確實是如此。由於技術的發展，而讓之前不可能存在於自然界的「腦死」狀態產生。在這樣的狀態下，會出現對於認為「人已經死了」的人而言是「死者」；但是對於認為「人還沒死」的人來說是「生者」的結果。這也就表示必須在某種狀態下來選擇到底對方是生還是死，可以說是因為內臟移植所衍生出的「選擇死亡」。

不討論人工流產議題的社會之壁

釋　日本雖然對於腦死議題展開一番激烈的辯論，但是另一方面，卻避免去評論人工流產的這個議題。就生死的意義來說，兩者應該都是屬於相同領域。相較之下，歐美針對這個問題就有很積極的討論空間，但是對於腦死問題卻又都不太討論。真的是相當極端的對比。

養老　所謂的對照是指社會風氣相同的情況下。因為死亡是世界共通的概念，人工流產則是由其他地區傳入的做法。而日本的社會對於這種外來的觀念會秉持著相當嚴謹的態度。

具體的例子是外國人進入到日本後，從以前是直接從外觀上的不同來分辨，至於在出生時的區別則是「五體健全」的這個說法。還有就是只要觀察厚生勞動省的統計就會發現，當孕婦因為服用沙利度胺（Thalidomide）而產下有問題的嬰兒時，同樣的例子在日本的新生兒死亡率為七十五％。然而同時期的歐美染病新生兒死亡率卻只有二十五％，日本的死亡率多了五〇％。從這個例子看來，不用我多說各位應該也能夠了解原因為何了。

接著說到日本的人口，各位應該知道各個世代的出生人口原本都屬於穩定成長的狀態，但是卻因為人工流產而瞬間下降許多，而這個問題在社會上卻完全沒有引起討論。

但是這並不是問題，因為社會就是一家封閉的俱樂部，想要進入就必須具備資格，而這才是問題所在。能進入俱樂部的其中一個資格就是五體健全，只要是由日本父母所生下的五體健全新生兒，就可以得到默許而進入俱樂部，但是相關問題卻完全不會浮上檯面來進行討論，這就是所謂日本的做法。

釋 原來如此。看來日本與歐美在腦死議題與人工流產議題上都充滿了複雜的謎團現象，不過只要以「社會風氣」的這個關鍵字來思考，就會發現謎團其實不難解開。

養老　而且會選擇將其全部隱藏，真的是日本社會的特異獨行做法。所以說外來者就算觀察到這樣的現象，也找不出原因為何，因為都只能看到當下的狀況而已。這麼說來，日本似乎有很多的狀況很難直接以言語說明。

釋　那麼從國外來的蘇曼那沙拉長老，您是否曾經因為日本這道社會封閉的外牆，而遭遇過怎樣的經驗，或是因此感到不適應呢？恐怕還是有吧！

蘇曼那沙拉　這個應該還是有的，不過我通常都會在撞牆前，先想辦法避開這道牆。

釋　原來如此，就是採取避免發生事前衝突的技法啊！

蘇曼那沙拉　我認為充滿矛盾的社會是相當正常的一個現象，我想每一個人應該都會這麼認為。只不過那樣的矛盾是以理性為基礎，希望人類能獲得幸福，所以必須去改善某些不合理的地方。

雖然說美國對於人工流產也是採取謹慎的態度，但即便是反對派人士，還是會在認為應該這麼做時表示支持。不過由於有許多人因為很喜歡小孩，認為收養小孩也是可接受的觀念，所以仍是有不需進行人工流產的理由存在。其實有這種想法也沒錯，因為反對人工流產就是基於宗教情感，而並非科學上的理由。

同樣地道理套用在器官移植的問題上，多數人倒是都會贊成透過科學技術來進行移植手術。

由於宗教宣稱「人有靈魂存在」，但是為了要認定「腦死就是死亡」，照道理說就必須透過羅馬教廷來宣布「腦死表示靈魂已經離開」，但事實上卻沒有取得這樣的認證。在我的國家有這麼一句諺語，就是「飢餓時就算是蜥蜴也會看成是雞」，這句話就足以表示這個狀況。說明了會因為以自身狀態為優先而去改變現況，所以不管是西方還是東方社會都還是充滿著矛盾。

接著以佛祖的立場來說明之前我所說過的話。關於喪禮一事，佛祖認為喪禮一點都不重要，就按照自己的想法去做就好。不過如果是足以作為人類表率的人物過世，所有人則是都有義務舉行喪禮儀式來紀念此人的功德，這就是佛祖關於這方面的闡述。

至於人工流產的議題，佛祖則認為懷孕當下肚子裡的孩子就是人類了，而不是在小孩出生後才具備有人類資格。因此人工流產就是殺人行為，但如果是胎兒為危及母親性命時，佛教就不會對此做出任何評論。

即便母親有寧願犧牲生命也要生下小孩的念頭，佛教也會給予尊重。要是醫師下達了需要進行人工流產的醫學命令，是否要遵從也是基於個人的自由意志，但是不能斷言這樣的行為不是犯罪。

接著說明移植手術的部分。由於這是屬於幫助人類生命延續的行為，因此可斷言是在做善事。

不管是否有得到死者的同意，只要取下的器官能夠幫助瀕臨死亡的患者存活，這就不會是個問題。然而人類總是會迷失於非科學以及情感上的迷信，只要有人向周圍的人表示「我死後可以盡量使用我的身體」，就能夠讓自己按照自己的意志，為了成就他人的幸福而捐出自己的肉體。這就是高標準的行善舉動。

即便是在日本法律上明文規定禁止的事項，在斯里蘭卡還是偶而會發生。像是在腎臟功能停止的情況下，就算不是親戚的陌生人，有時候也可以捐出自己的一顆腎臟。而且還有和尚們會為了助人而捐贈腎臟，因為想要延續人類生命而捐出一部分的身體器官，就是遵循佛教道德的行為。

但如果去過度渲染這樣的行為，雖然會引發社會問題，不過這樣的問題從以前就有解決方式存在。《佛說本生經》的佛典有提到當佛祖在前世以菩薩身分修行時，也會不時捐出身體的一部分。

雖然說為了要移植而捐贈一部分的身體是所謂的菩薩行為，但也不能因為這樣，就要佛教徒以及各位都將這樣的行為當做是非做不可的習慣，因為還是得取決於個人的判斷。

人類因為過度依賴科學而製造出大量的破壞性武器，對於宇宙開發技術也採用了軍事用技術一事，其實就應該要斷然表示拒絕。如此一來，就會發現到為了讓人類的生活更加豐富，而進行科學技術開發時，宗教就不會再成為阻礙了。

第三章

「自我」的解剖學

自我的創造方式

釋　在這裡要再次探討「自我」當中有關於無知的部分。如果要猜想說是和「愚蠢之壁機制」屬於平行概念，這樣的說法似乎是對的。總而言之，都是屬於某個根深柢固的框架，所會引起的現象以及認知。

就像是佛教中找尋洋蔥本體的行為，在剝開一層又一層的外皮後，結果發現什麼也都不存在，這就表示「自己的本體並不存在。但是我們卻對此產生錯覺，這樣根深蒂固的觀念就會引發許多的問題」。

接著能不能就關於「自我」以及其中的「無知」部分來繼續進行討論？

蘇曼那沙拉　佛祖所發現的其中一個真理是因果法則，就是指「原因」和「條件」都存在之後，「結果」就是會自然發生的現象，只要原因和條件有一個消失，那麼結果也就會不存在。而且現象也並非單一固定的靜止狀態。所有的現象就跟光一樣，會隨著波長而逐漸消失。因為發現了這樣的因果法則，而產生了自我的這個錯覺。

試著靜下心來好好思考，為什麼會產生自我的這個錯覺。我們的身體有眼耳鼻舌身意的六個感覺器官，感覺器官是指能夠感受到特定波長的能力。其中眼睛能感受到色彩的波長；耳朵能夠感受到聲音的波長；鼻子能夠感受到氣味的波長；舌頭能感受到味道的波長；身體是能感受到熱度和硬度的波長；意則是會產生情感、概念、時間等各式各樣的感受。

感覺所接觸到的情報當中，會逐漸消失的就是波長，所以感覺也會出現後消失。感覺並非知識或學到什麼。意則是會擅自將五感所接觸的各式各樣情報合成在一起，創造出「概念」的這個現象。身體會企圖將接觸後消失的情報都給體系化，體系化就能方便使用概念，也就是「自己」、「自我」的概念。而「自己」、「自我」是意擅自創造出的概念，並非實際存在。但是我們所認知的所有情報資料都是由這樣的觀念而統整出的東西，也就是自我的這個錯覺。

就以「政府」的這個概念為例來說明。政府並非原先就存在，國會並不是政府，內閣閣員也並非政府，首相以及天皇陛下也不是政府，日本國民也不是政府。每個人只是按照憲法在執行各自被賦予的工作罷了，要是問首相說：「你是政府嗎？」對方應該也會給予否定的答案。

不過在英國，女王似乎就有正式說出「我就是政府」的這句話。但這其實只能算是傳統的說話表達方式罷了，因為就算英國女王死掉，英國政府也不會因此消失。如果說女王這個人就是政府，那麼這個人死去，照道理說政府應該也會消失。那是因為政府只是個概念，實際上並不存在。政府其實只是從事政治相關工作的人，為了體系化而方便使用的一個詞彙罷了。

而自我就是屬於這樣的概念。只是為了要將看到和聽到各式各樣的情報給體系化，而方便使用的詞彙，除此之外什麼都不是。然而人類總是會產生「自我存在」、「自我是真實存在」的錯覺，而且還會因此「懼怕死亡」。然後慾望、憤怒、嫉妒、憎恨、仇恨、悶悶不樂、傲慢等煩惱隨之而生，對生存一事造成極大的威脅。

而那些意識到自我並不存在的人，則是不會懼怕死亡。他們能夠理解死亡不過是一個瞬間所發生的事，也知道一個現象消失後，會因為因果關係而產生新的現象。對於能夠理解世界無常的人來說，生與死都是相同的現象，沒有生就不會有死，沒有死就不會有生，他們很能理解這樣的道理。只要調整對身體會發生現象的認知過程，應該就能夠理解自我並不成立的這個想法。這就跟釋師父所說的剝開洋蔥外皮來探詢本體的道理相同。

我認為科學家應該夠以大腦科學來說明這樣的過程。

釋　其實是呈現時時刻刻出現又消失的生死反覆現象，認為能夠永遠不變地繼續存在就是所謂的錯覺，一切都是「自我」所導致的錯覺。

蘇曼那沙拉　大腦會想要將瞬間就消失的情報給統整出來。雖然身體的各個細胞都有各自被賦予的個別工作，但是卻會以一個生物體系的方式來相互配合。而這樣的配合就是來自於自我的這個概念。這與政府的概念一樣並沒有真實存在，只是為了要讓一切事物系統化，而必要且方便使用的一個詞彙罷了。只要提升專注力來觀察

「自我」所產生的實際感受，就會發現到眼耳鼻舌身意的六根之所以會步調不一地在活動，就是自我錯覺在進行系統化統整的這個動作。會發現到自我並非能實際感受到的固定自我，而是會在每個瞬間都會改變且消失。

釋　透過冥想也能夠瞭解到一切的生死，都只是一時的狀況集合在一起所構成的樣貌。

蘇曼那沙拉　或許「冥想」乍聽之下會以為是很了不起了宗教行為，但實際上並不是不可思議的技術，其實只是所謂的認知訓練。在一般人的認知當中，應該就是「統整所有資訊後找出一個答案」。不過那個統整後的答案是一開始就決定好的，就是「自我」的這個答案。因為我們一開始就具備有不論是感覺到什麼、看到什麼、嘗到什麼味道，都要套用「將所有的一切都以自我為出發點」程式的反應。而動物也具備有相同的體內程式，就是所謂的自然法則，越深入去調查就會發現這樣的事實。

「我」是海市蜃樓

蘇曼那沙拉　佛教經常會將「自己」比喻為「海市蜃樓」，因為從遠方所看到的海市蜃樓會以為真的看到水出現。看到的瞬間當然會產生「有水」的想法，這是人之常情。不過在這裡要奉勸各位不要馬上斷言「有水」，而是要「多花點時間來找尋答案」。如此一來，就會發現到「原來這是產生錯覺」。

但即便知道海市蜃樓的現象，但也不代表就一定不會看到海市蜃樓的出現。但也不至於會是「瞭解到海市蜃樓的形成原因，就看不到海市蜃樓，而感到可惜」的狀況。而是「還是會看得到海市蜃樓，但是知道眼前的是海市蜃樓」。

所以說一般人與專注力提升的人在答案上就是會出現如此的差別。其中的差異就在於是將海市蜃樓誤認為是有水存在，還是瞭解到海市蜃樓的機制，而瞭解到「有水存在是產生錯覺」。找到答案的人雖然還是會感覺到自我，但是知道這是自己所產生的錯覺。而且佛祖實際上也會使用「自我」的這個詞彙。

釋　看來分歧點就在於是否知道那是海市蜃樓。因為不瞭解本質為何，所以才會產生害怕和痛苦等情緒。

這就表示不去理解「自我」是錯覺的這個事實，就會陷入會產生無知的世界當中而動彈不得。

由大腦決定「自我」

養老　蘇曼那沙拉長老所說明的重點在於人類都是會擅自給予自己內容。就像年輕人經常掛在嘴邊的那句話——「我是這樣的人」，以這樣的方式來給予自我全部的內容。

釋　其實也有「因為我是〇〇〇的人」的說法存在，不知從何時開始口氣越來越傲慢。好像還比「〇〇〇不就是╳╳嗎～（語尾上揚）」的徵求同意話術還要早出現。算了，反正不重要。

剛才蘇曼那沙拉長老有提到佛教對於認知「我」、「自我」的過程與機制。那麼養老教授您又是怎樣來看待這個「自我」的概念呢？

養老　我自己是長年以來都有持續就在某種意義上在思考「何謂自我？」以大腦的觀點來說，因為人類最終還是屬於動物，既然生長在空間當中，就必須保持手拿地圖的狀態。各位平常在外出時，最後當然都會回到家中。不過說到為什麼會很自然地就回家，就是因為大腦裡有浮現地圖。雖然有些人是路痴經常會迷路，但是不管是誰，大腦裡都一定有地圖存在。即使沒有外出，待在房間裡也是一樣。腦袋裡有地圖存在，要不然根本就搞不清楚方向。

而這個地圖在大腦的位置就稱為「空間定位領域」。有趣的是，這同時也是決定自我的領域，所以我很想要聽聽看這個部位出現問題的病患所說出來的話。

在美國有一位曾有過自身的空間定位領域遭破壞的經驗，和我是研究相同領域的神經學者，她的名字是吉兒・波爾托・泰勒（Jill Bolte Taylor）。吉兒・波爾托・泰勒在年輕的三十多歲時，因為腦血管產生病變，而導致腦溢血情況。由於失去自我是屬於自身研究領域的疾病，因此吉兒．波爾托．泰勒很努力地去記錄下自己在發作時的情形。等到她的疾病治癒後，則出版了《My Stroke of Insight》（中文版名為《奇蹟》）的這本書。書中內容提到空間定位領域的損傷會產生怎樣的感受，首先會覺得自己逐漸變成水。

如果要說空間定位領域的功能為何，主要還是由自我會影響到的範圍來決定。要是大腦內的這個自我範圍逐漸擴大，那麼定位領域的功能就會逐漸喪失。在這樣的情況下，變成水的比喻，就是指自我本身會逐漸流逝。

釋 這是指自我和外界的界線會遭到破壞的意思？

養老 沒錯，就是指界線被破壞。要是這樣的情況持續下去，如果要說最後會變成什麼樣子，就是世界與自我會變得相當一致。

釋 怎麼聽起來有一種茅塞頓開的感覺。

養老 這是理所當然的情形，一旦界線被截斷，眼睛所看到的世界就會存在於自己心中，也就是成為自我。事實上不就是這樣嗎？思考宇宙的盡頭為何時，但其實宇宙的盡頭就是自身的想法，答案就在自己的心中。如此一來，就會覺得世界與自己的想法會呈現完全一致的狀態。

覺得自己是最好的

養老　如果要形容世界與自己的思考一致是怎樣的感受，應該各位都能夠體會，就是指相當幸福且無限歡樂的感覺。

為何會說是相當幸福的狀態，或許各位沒有過這樣的感受，不過一般人可是會將自己認定為是最好的，而自己以外的都只能算是異物。因此要是空間定位領域一旦遭到破壞，就會認為不只有自己，整個世界都是最好的狀態，整個人陷入極佳的情緒狀態之中。

在一般的狀態下，如果要舉出自認自己是最好的例子就是唾液。因為小孩會很常問說：「為什麼唾液在嘴巴裡不髒，但是吐出唾液卻是很髒的行為？」試著去想像那個畫面應該就不難理解，我自己是會隨身攜帶已經完全殺菌的培養皿，只要向他人表示說：「請你在這裡吐出唾液」，想必大部分人都不會拒絕而照做。但要是接著說：「請你把它喝下去」，所有人都會表示拒絕，不是嗎？

實際上就是在探討「原本就存在於你口腔內的東西，應該不會很髒，但為何會討厭呢？」的問題，如果要說為何會討厭，其實就是因為認為存在於自己內部的東西都是最好的。所以當你意識到這樣東西離開身體到外面的那個瞬間，想法就會出現極大轉變。你會下意識認為這些東西會變得比原來還要髒，所以說我們才會覺得屬於自己的東西都是最好的，但其實是自己為其增加了附加價值。

蘇曼那沙拉　原來如此。現在養老教授所說的這一番話讓我產生了新的思維。佛教裡有個名為不淨隨念的修行方式，就是客觀看待這個肉體，然後再試著認識外面世界的方法。我自己也很常用唾液的來舉例，也就是「如果要你將吐在自己手掌上的唾液給喝下去，應該很難做到，因為會覺得很髒」。而所謂的不淨隨念就是如同這個唾液那樣，試著去體認到身體的其他部位，也都是屬於外部的東西。像是自己的內臟，即便是心臟，也會因為是自己的心臟，而懂得要去愛惜，但要是將那個心臟給取出來，除了醫學系學生以外，應該所有人都會覺得很噁心。

不過由於實際上自己身體的構造無法取出，所以必須以其他手段來實踐修行。試著將其他人的身體構造，以及屍體構造想像為自己的構造。就是當看到其他人的鼻屎、鼻水、唾液等，將其想像為自己身上會出現的東西。在這樣的情況下，就算是醫學系學生，應該也會感到不太舒服。而佛教則是透過這樣的方式，來戒除對身體產生的無意義偏好與執著。這就跟養老教授所說的一樣，注意到覺得自己是最好的這個想法。其實這也是讓人產生煩惱與痛苦的概念來源，所以才要試著去戒斷這樣的情緒。

養老　但是我們一般人卻很難做到，這就跟各位平常用慣了沖水馬桶是一樣的道理。與其讓不喜歡的東西繼續留在肚子裡，還不如眼不見為淨，趕緊用水把它給沖洗掉。而這樣的行為，正是負面價值之所以時常會發生的原因。

腦中的地圖決定自我的範圍

養老　話題回到「自我的範圍」，為什麼那個地圖當中的空間定位領域，可以決定自我的範圍，因為那就是所謂的方向指引看板。以前去到鄉下時，經常會在村落看到方向指引看板，上面畫著村莊的地圖。不過最讓人感到火大的，就是方向指引看板上完全沒有標示某個位置的箭頭符號。

釋　還真的有這樣的情況發生，就是沒有標示「現在位置」的方向指引看板。這種東西根本一點忙都幫不上。

養老　沒錯，現在一定都會清楚標示，不過以前都不會這麼做。這就表示以生物學的角度來說，各位的自我原來就是方向指引板上的箭頭。

釋　我懂了，就是「現在位置」。

養老　沒錯，就是這個意思。要是沒有清楚標示出箭頭的輪廓，那不算是箭頭符號，所以說才需要清楚劃分出「這個範圍就是我」的輪廓。

「這個範圍」則是會因為每個人而產生個別差異。像是長年都使用手杖的人就會認為連手杖的前端都是屬於自己的一部分。還有人會把車子當做是自己的一部分，要是你踢到那個人的車子，那個人就會一副怒氣沖沖要殺人的樣子。

釋　看來「自我」的輪廓還真的是因人而異。

養老　沒錯，這就是每個人的大腦擅自所做出的決定範圍。

靈魂出竅為自我的原型

養老　很有趣的是，在瀕臨死亡的經驗中，其中有一項是靈魂出竅。就是失去意識毫無精神的樣子，外觀看起來的確是沒有意識，而本人則是處於以為自己在作夢的狀態。大部分都是呈現當下自己還能夠看見下方倒臥在一旁的自己，而從上方往下看的自己也確實存在，這就稱之為「靈魂」，是從倒臥在一旁的真實身體所穿越出來的影像。而這也是世界上共同存在的現象，我是這樣思考這個現象，當做是自我的原型。

這是指在空間定位領域裡，幾乎不存在外部的地圖，完全由自我來做決定的狀態。因為以自我為中心，所以只看得見自己的身體，而且正在看著自己的自己也同時存在。

此症狀的近代疾病名稱是松果體[※7]的病，因為「正在看著的自己」以及「看得到的身體」，兩者是呈現分離狀態。這樣意識即將消失前，所留下的「正在看著的自己」以及「看得到的身體」，都是代表獨一無二的「我」。我認為這一點是絕對可以確定的事實。如果在那個階段身體狀況逐漸變差，意識也會逐漸消失，在失去意識前，那陷入緊急狀態且相當微弱的自我，會因為「正在看著的自己」以及「看得到的身體」而一點一滴地消失不見。

※7 松果體：脊椎動物腦中的小內分泌腺體，負責製造褪黑素。

釋　失去對世界認知，陷入「只剩下自己」的極度虛弱狀態自我，雖然會看見自己的身體。然而（自我原本就是集合體）極限的自我，不但無法保持統一性，而且還會走向分裂。這感覺就像是日本相聲中的「粗忽長屋」，一個慌張的男人認為倒臥在一旁的遺體就是自己，而將遺體揹著離開。然後卻突然發現到「我現在是揹著自己的遺體，那麼背上那個死掉的自己又是誰呢？」

養老　你說的沒錯。想必各位會將「看著的自己」與「被看著的自己」來分開思考，但是為什麼要分開思考呢？那是因為我負責處理這具屍體，但是仔細思考過後，雖然自己是「有身體也有思緒」的狀態，但是當意識真正逐漸消失之後，這兩個狀態卻都又出現在眼前。

將平常的兩個「自己」一體化

養老　就算是在日常生活中，應該每個人都會產生「從上方往下看的自己」的意識。因為沒有這項能力的足球選手，就會是表現不好的選手。

釋 原來如此，所以說能夠俯瞰自己，也算是一種身體能力囉！

養老 如果只會在看得到的範圍內競賽，要是球滾到後方，就會陷入不知所措的狀態。所以才會說這樣是表現差的選手……。

不過在開車時，要是駕駛搞不懂為何自己會從上方俯瞰周圍車子的這個情況，駕駛就會陷入危險之中。因為能夠從上方看見後方來車、斜後方來車以及前車，並確實掌握車與車之間的相對行車速度，就不太會發生事故。這時候當然會認為這是自我所發揮的效用。

釋 所謂的自我，應該就是指可自由伸縮的不定形物。

養老 沒錯。總結來說，就是由自我來創造出空間定位的領域。當其範圍縮到最小時，就會呈現「正在看著的自己」以及「看得到的身體」的狀態。因此以人類的語言來形容，就絕對會分割為「正在看著的自己」以及「看得到的身體」，但這其實並不是屬於兩種狀態。大概就是佛教中所說的心靈與身體的一體性。

釋　您說的沒錯。這就跟「心靈」與「身體」不能二分是相同的道理。因為兩者都是集合體，而且都會持續產生變化。

養老　所以說這兩者根本就是一體。

並非「與世界的一體化」

釋　對於剛才養老教授所提及，有關空間定位的部分要是有所損傷，自我與外界的界線會逐漸消失的內容很感興趣。

佛教的言論中有提到自他未分為理想狀態，關於這個部分有什麼想法呢？

蘇曼那沙拉　雖然我認為這應該是屬於我管轄外範圍的話題。大腦科學專家能夠說明所有能夠控制內心感受的大腦功能，而那樣的說明不見得就一定和是佛祖的說法有所出入。只不過佛祖並非是以大腦科學專家來發表這番言論，因為他是內心科學的專家。而語言學則是和大腦的語言區又是屬於完全不同的領域。即便是超越了大腦科學的範圍，佛教的內心科學言論仍是有讓人驚豔的部分。其中包括了說明超出了大腦活動機能的內心機制，我認為當中還是存在許多想法上出現分歧的部分。

現在這個部分之所以會成為話題，重點就在於自他未分的境界。不過在這裡不是要以大腦科學方式說明，而是要試著站在心理學的立場來思考。生命在「看見」、「聽見」等認知機能啟動時，就會出現自與他分離的現象。養老教授剛才介紹到的吉爾．波爾托．泰勒在書中就有提到，由於自身的左腦機能衰退，而曾經有過自我領域消失成為一體的經驗。這個部分在佛教中，比較囉嗦的說法是，就算知道宇宙與自己成為一體，也是所謂的二分化。因為即便在那樣的情況下，「知道的自己」最終還是存在。

而佛教中所提到的自他未分的境界，應該不是這個意思，因為佛祖曾經說過「言語是無法成立的境界」。我以前曾經問過禪宗的和尚們說：「何謂領悟？」，當時還以為我會因此被揍。被揍其實只是個比喻，是要強調領悟是無法以言語來成立的境界。所謂的無法以言語來表示，就是指超越認知範圍的事物。因為現在的我們只是因為在認知的驅使之下，在談論著認知所發揮作用的內容罷了。即便想要超越認知，而去瞭解自他未分的境界，那樣的理解還是屬於認知的一種，自與他仍是會呈現分離的狀態。這個部分有個很貼近的比喻，那就是魚和烏龜的對話。烏龜先生想要向魚說明陸地上的一切，但是魚卻無法理解，因此魚先生的結論是「陸地不可能存在」。

釋　原來如此。即便是極為相似的現象，也不能以同樣標準來思考遁入佛門以及說明大腦機能的這兩件事。

即便是在幸福多到快要滿出來的狀態下，一旦保持住自我與外界之間的領域，那就很難去適應社會。

蘇曼那沙拉　事實上就是那樣。因為大腦機制有時候會變得很奇怪，出現這樣症狀的人就會變得無法適應日常生活。吉爾．波爾托．泰勒的書中就有簡單說明，當他的左腦機能呈現衰退狀態時，要在一般社會中，以一般人的方式來生活是多麼地困難。

除了左腦的機能衰退，有些人的大腦也無法像一般人那樣運作。我曾經聽過有人是透過將看到和聽到的東西，都直接記錄下來的方式來記憶，而且都能夠牢記這些記憶。對我們這種記憶力差，唸書時還因此吃了不少苦的人來說，真的是很羨慕能擁有自動記錄的能力。但這其實這是屬於大腦的異常現象，而且本人會因此無法過著普通的生活。

就連在宗教的世界裡也相當讚賞整體感的概念。那些沒有修行，但卻因為腦溢血而導致左腦機能衰退的人，對於舒服的整體感，會感到相當的幸福。或許有些人會認為這是因為宗教會破壞大腦，或是被當做是奇怪的人。表面上雖然不會這麼說，但應該會形容這是「淨化靈魂後感受到無限的幸福感」。

那麼這不就跟佛祖所說的相同嗎？如果心靈能成長到讓自與他的境界消失，就能夠認可會產生幸福感的這件事。但是這頂多只能算是心靈成長過程中的一個階段，因為佛教中的冥想是指能夠自由自在地去掌控心靈。以大腦的概念來做說明，也就是能夠自由地去碰觸大腦的各個部位。我不曉得這樣各位是否能夠理解，不過重點就是建議各位去讓心靈有所成長。因為成長就能夠壓抑求生欲（存在欲）、恐懼感、憤怒、嫉妒等情緒，而不會受到這些情緒的控制。以大腦的立場來說明，就是不要將支配權以及管理權交到原始大腦的手上，因為理性能夠主宰且來管理大腦內的一切。

但是這樣也不是佛教中所要推廣的解脫以及體悟的概念。解脫的境界是將所有想要知道的衝動都給全部拋棄掉，而這樣的境界當然無法進入生命的理解範圍內，只能透過個別的經驗來學習。

人類會因為一時的整體感，以及大腦現象而引發幸福感、神的啟示、真我的發現等感受，站在宗教的角度來看，這就是一種疾病。而反對操弄大腦的佛教，當然會禁止接觸酒精、毒品的行為。

釋　沒錯。舉例來說，使用藥物也能促成「自我」遭到溶解的感受，但是這卻和學佛所獲得的結果，是截然不同的兩件事。

蘇曼那沙拉　確實是兩碼子的事。佛教是教導人要稍微提升專注力來觀察所有事物，透過客觀地認知到「一切都會持續產生變化」的道理後，瞭解到「原來從一開始就沒有自我存在」，或是「『我』並不存在」的事實。只要體會到這個事實，內心就會產生無限的解放感。如此一來，就沒有生氣以及展現慾望的理由了。取而代之的是「懂得許多事」的智慧展現。

因此，即便是同樣以言語所形容的「自我消失」，當中也存在著極大的差異，只不過這個部分很難說明。

社會上普遍所指的「世界與自己成為一體」的經驗，其實並不是多麼了不起的一件事，因為一不注意就有可能會發生。這會使得大腦變得相當疲憊，要是有時候大腦因此呈現疲倦不堪的狀態，就會產生「這樣就好」的想法，封鎖掉外部的一切事物。這就是剛才養老教授所說的「整個世界只剩下自己」的意識。

天才能夠控制大腦機能

釋　養老教授，如果是以大腦的機制來說明呢？因為大腦的功能障礙所造成的「世界和我成為一體」現象，這和學佛之人所說的「自我逐漸消失」境界，光聽言語上的展現似乎很相似。但其實兩者根本完全不同。

養老　不一樣，有專家就兩者間的不同做了調查。

舉例來說，各位應該知道畢卡索在立體主義時代的畫作中，會出現橫向的鼻子和看向前方的眼睛，展現出臉部五官呈現不對稱位置的畫風。不過只要仔細地去觀察每一處的設計，就會發現這個方式還是成立的。老實說沒想到現在造成話題，由大腦內空間定位領域有損傷的病患所畫的作品，竟然就是呈現相同風格的畫作。但也不能因為這樣就斷定畢卡索就是大腦的空間定位領域有損傷的人，因為他可是能夠創造出了充滿藝術性的傑出作品。這也就表示所謂的天才還是可以靠著自己扼殺掉大腦中的各項功能。

當空間定位的領域功能被扼殺時，雖然說病患就會畫出同樣風格的畫作，但其實並不具有藝術價值。這應該就是蘇曼那沙拉長老所要表達的意思。只要整體串聯發揮效能，就能夠順利將部分功能給完全中止掉。這並非某種神祕力量作祟，舉例來說，要是將繪畫這份工作當做是生涯中努力的目標，就會知道自己應該在哪個時候使用哪種能力，完全能夠有所區別也能夠理解。如此一來，就能靠自己來刻意關閉掉那個部分的能力。如果能夠達到這樣的程度，就能夠畫出那樣奇妙的畫作，不管是喜歡你或是討厭你的人，也都會對你產生很好的評價。這樣的才能可以衍生出各式各樣的藝術活動。

因為人類擁有了不只一個，而是許多的能力，所以不妨就將所謂的「自我」、「自我的意識」，當做是相互配合之下的說法來思考就好。

生物學的「自我」和社會性的「自我」

釋 這樣就表示「自我」當中存在著一下子活動一下子又消失的部分，而且某種程度上，還具備有能夠掌控這些部分的能力。如此一來，「自我」的這個說法，就會變成了不確定所指為何的意思。到底哪個部分可以稱為「自我」，界定範圍相當模糊。

養老 之前已經就這個部分，以及作為前提的「自我」做過說明，各位在日常生活中所使用到的「自我」，應該就是屬於社會性的自我，就是朋友之間會成立的「我和你」的時候所指的我。當中還是有這樣的差異存在。現在多次提到的「自我」，則是有別於之前所說的方向指示板上的箭頭，而是最接近生物學的最初自我。這又和屬於社會性，會出現在我與你之間的「自我」是完全無關聯性存在。為什麼會說一定要擁有最初的自我，很簡單就是因為「如果缺少這個部分，就無法回歸動物性」。所以某種程度上可以說是狗與貓都擁有這樣的「自我」，如果要更極端一點，或許也能說就連昆蟲都具備有這樣的自我。

釋　原來是這樣啊。社會性的「自我」和生物學的「自我」是完全不同的概念，動物和昆蟲也擁有後者的自我。

養老　沒錯，所以蜜蜂知道怎樣回到蜜蜂窩。照道理來說，即便有地圖但失去自我就回不了家，所以證明自我還是存在的。

修行可控制身體的機能

釋　接著要討論身體失去部分機能導致出現障礙的情況與感覺，以及整個身體雖然都可以自由活動，每個部分都能在自己的控制之中，但卻有一部分功能有時候會消失的情況，對此，蘇曼那沙拉長老您的看法是？佛教當中的冥想和修行在某種意義上，應該是屬於後者的技法吧？

蘇曼那沙拉　你說的沒錯。因為能夠明確使用控制技法。佛祖以正覺者身分所具備有的其中一項能力，就是所謂的控制技法。各位也不必因為「這部分佛教經典沒有記載」而感到驚訝。佛祖表示「自己能夠隨時回過頭去省視自己的過去」、「集中精神就能聽到超越人類聽覺範圍的聲音」、「能自由學習超越人類視覺範圍的知識」。我們佛教徒將這些能力取名為神通，這是作為正覺者身分所專屬的控制技法。然而對於只能被關在狹窄範圍內，有限接受五感情報的一般人來說，很難理解會有人擁有那樣的能力。因為佛祖在出家前就是個天才，而且又再加上修行的結果，擁有了無上智慧而成為了正覺者。雖然說天才還是會出現在人世間，但是悟道者卻是超越人類的存在。

佛教的修行在教導人類與生俱來的控制能力，因為一般來說，各位每個人的生命都是相同的。昆蟲也跟人類一樣會產生衝動，就是指「想要活下去」的渴愛，以及「不想死」的恐懼感，這是生命的本能。因此會愛上能夠幫助自己存活下去的一切事物，而且會怨恨一切會對自己生命造成威脅的一切事物。然而要是只按照本能去活著，那麼生命就不會有任何成長。

所以可以說佛教的修行就是在試著與本能對抗。一般的生命會想要殺掉敵人奪取其生命，將認為是營養的生命給吃下肚。因此佛教才會主張「勿殺生」。但是佛教並沒有說不可以殺害世界上所有的生命，而且也不是為了達到世界和平的目標才來明定殺生戒。佛教是要修行者「戰勝自己的本能」，以及「不要輸給原始大腦」。在這樣的前提下進入到冥想階段，就能夠學習到更為純熟的控制技術。因為要全部說明需要很長時間，我在這裡就簡單舉一個例子。

我們在觀察事物時，只能看到事物的一個面向。看著小孩的父母，一旦父母的立場改變，就不會以原先的態度來看待小孩。以一個成人的角度來看事情，也不可能改變為小孩的立場來看事情。還有當老鼠無法判斷食物，但是卻能夠將外型與味道都很差的蝦子當做是好吃的食物，也不可能會認為「蝦子是噁心的生物」。

而修行的人們則是想要去解決一整個面向的問題，但由於佛教是屬於中道的宗教，所以不是任何事都可以做。不會像耆那教[※8]做出「人類會穿著衣服，所以我們要裸體生活」那樣無意義的舉動，而是會選擇更理性的做法。佛教認為人體高尚美

※8 耆那教：古印度的古老宗教之一。

麗，而且是最偉大的創造物。之所以會產生這樣的想法，也是出自於本能，所以才會特別去觀察將自己的身體當做是不潔物的說法。

在看一個人的時候，通常都會以男性、女性、美、醜等標準來做判斷。而佛教在觀察一個人的時候，則是以頭髮、體毛、指甲、牙齒、皮膚、肌肉及筋膜等，將人體分為三十二個部位來檢視。至於被社會認為是不吉利的屍體、大便及小便等，則是將其當做是構成萬物的地水火風的四個元素。而這就是在培養「不吉利且不高尚」的能力，就是所謂的控制技法。擅長於冥想的人們，會嘗試使用一般人無法理解的方式來進行控制。

舉例來說，就是試著去阻止腦中的說話聲音。還有因為耳朵會隨時聽到聲音而引發聽覺，所以可試著去中斷耳朵所接收到的情報，就是要處在完全聽不到周遭聲音的狀態。這部分有很多例子，最好還是盡量拒絕接收外部的情報。

養老教授曾經說過「畢卡索因為是天才，所以能夠控制自身許多能力」。我自己則是認為學者和科學家應該都能夠自由地控制意識，而且音樂家和藝術家也都能控制自己的意識。舉例來說，雖然世界上有許多有趣的漫畫，但是科學家卻不會想去看這些漫畫，認為論文讀起來還比較有趣。科學家看漫畫會覺得無聊到想睡覺，但是讀科學論文，卻是充滿興趣到可以熬夜。這種情況就是意識控制，不過這樣的意識控制卻和佛教的目的不同。一般大眾所認知的意識控制，目的在於要成功在世界裡存活，但是佛教的意識控制目的卻是要擊退本能來提升人格。

第四章

「轉換」為克服的訣竅

瞭解越多就能克服「厭惡感」？

釋　在因緣際會之下，我創辦了「高齡失智症的共同生活之家」（Group Home），利用附近的老舊住宅從事NPO法人活動。

實際上我在有幼年時期，就曾有過與老人癡呆症患者（我小時候還沒有使用「失智症」的這個名詞）接觸的機會，那個時候覺得很害怕。不過就在與老人癡呆症患者的互動當中，我的恐懼感也在不知不覺中逐漸消失。

從這樣的經驗當中，我也實際瞭解到像是「失智症的主要症狀（記憶障礙與認知障礙等），以及相關症狀（無意識走動與亂食症等），都是很難阻止主要症狀的發生，其相關症狀則是因為不安以及壓力所引起」之類的失智症相關知識。透過瞭解到失智症患者的生活方式，而讓我注意到自己「已經逐漸克服了對老人癡呆症所產生的恐懼感」。

像這樣一開始因為不瞭解事實而產生恐懼感，但是一旦深入瞭解，就能夠逐步消除恐懼感的事會不斷發生。不只是因為獲得足夠知識或情報，而且是要在身心都接受事實的狀態下才會發生。

關於這個部分比較沒有適合的例子，不過像是因為「無知」所引發的恐懼，或是因為「愚蠢之壁」所衍生出的偏見和煩惱等，有許多的狀況都是在這樣的前提下才會發生。

養老　這部分確實不好說明。像我曾經因為害怕而不敢幫病患打針，所以我一開始還認為自己無法擔任臨床醫師，打從心裡覺得不適合。因為要是幫病患進行靜脈注射，用過於認真的口吻詢問說：「有沒有哪裡不舒服？」，那麼反倒會讓病患感覺不舒服。像這樣的情況就不太能以道理來說明。

釋　沒想到會聽到如此勁爆的消息。因為教授您不是解剖學者嗎？一般來說解剖應該比打針還要可怕。

所以是因為手部動作很流暢，才會從臨床轉換跑道至解剖領域嗎？我還以為會抓昆蟲和製作標本的人手部反應都很靈活。

養老　其實並不是，我的手不是很靈活。以捕抓昆蟲來說，我就必須克服手部不靈活的缺點而多加練習，因為我非常喜歡昆蟲。

不過雖然我很喜歡昆蟲，但我還是討厭蜘蛛。

釋　什麼？這一點更令人大感意外。

養老　我更討厭蚰蜒。

釋　原來如此，所以不是所有昆蟲都可以接受。

養老　因為那些不算是昆蟲。

釋　什麼？是這樣啊！

養老　有些昆蟲長得跟蜘蛛很像，有時候我還要去數有幾隻腳。如果確定有八隻腳，意識到這是「蜘蛛」之後，就會產生厭惡感。

釋　所以說是討厭有八隻腳的外觀囉？

養老　沒錯。我在寮國抓蟲的那段期間，我甚至喜歡昆蟲到覺得自己都變成了昆蟲。不過蜘蛛和蚰蜒就完全無法接受。

我曾經想過要去治療這種「無法接受」的情緒，因為這畢竟是經常去抓昆蟲會遇到的遭遇。本來想說看能不能改掉我這樣的反應，但還是沒辦法。

釋 好奇妙，因為在我們眼中這些昆蟲沒多大差別。

改變以及無法改變「厭惡」心態

養老 不過情況還是有改善啦！討厭的昆蟲已經越來越少了，像是跳蛛那樣體型較小，會跳躍的蜘蛛就比較不怕了。

釋 這也是相當微妙的差別。為什麼不會討厭這一種蜘蛛？

養老 應該是體型較小，而且以蜘蛛來說是屬於腳很短的類型。

釋 所以即便是八隻腳，腳比較短就沒關係。對了，蚰蜒的腳也很長。所以是不能接受腳很長的昆蟲。

養老 沒錯。腳很長就不太能……，而且蚰蜒那傢伙的腳是長到浪費的地步。

釋　原來如此，雖然不知道是哪裡浪費了，應該是長到不必要的意思。

養老　總而言之，我就是討厭腳長的昆蟲，看來我不管到幾歲都沒辦法克服了。

釋　從小就這樣嗎？

養老　關於這個問題，我很清楚知道自己是從什麼時候開始的。

釋　感覺對話方向好像逐漸走偏了。所以說是很明確知道是某個時間點就開始討厭了。

養老　我小時候還會把水溝蓋翻過來，發現後面有名為盲蛛的昆蟲。各位應該不太曉得是長怎樣，不過各位應該都曾經看過。就是腳很長，身體為圓盤狀的一種蜘蛛。身體看起來像是外星人漂浮在宇宙中，在水溝蓋下方可以發現很多。

釋　是那個看起來飄浮在空中的蜘蛛嗎？

養老　沒錯。水溝蓋下有好幾隻，我從很小的時候就有在注意了，那個時候我還不會感到害怕。對了，仔細觀察會發現牠們都在晃動。

釋　盲蛛集團在同時動作的意思嗎？

養老　可能是在威脅我。

蘇曼那沙拉　哈哈哈。

釋　恐嚇舉動？

養老　應該是這樣。我那時有感受到那股威脅，所以從那之後就變得害怕了。

釋　完全落入昆蟲的圈套之中。

養老　應該是牠們很瞭解自己的優勢，知道自己具備有能夠讓大型生物感到害怕的能力，一定是這樣。我雖然知道蚰蜒不是什麼害蟲，但我就是討厭，因為腳的數量很多。

釋　所以說對養老教授而言，這就是「愚蠢之壁」囉！明明知道沒那麼可怕，但就是無法克服恐懼。

養老　對於這類昆蟲，我真的沒辦法。一想到晚上那些蟲會在我的臉上走動，我的背脊就涼了起來。

釋　沒想到可以冷靜走在叢林裡的養老教授還有這一面啊！對了，我記得蘇曼那沙拉長老有說過覺得蟑螂「很可愛」。

蘇曼那沙拉 其實我一開始很討厭蟑螂。

釋 原來如此。

蘇曼那沙拉 因為我在以前曾經受過訓練，就是我只要看到蟑螂，然後說出「好噁心」，我的母親就會因此動怒責罵我說：「你沒有資格說人家噁心。」

釋 蘇曼那沙拉長老的母親真是個有趣的人。

蘇曼那沙拉 然後她又說了「這也是一條生命」，我在很小的時候就被這麼教育著。

還有就是我認為，斯里蘭卡人非常不喜歡懶猴類跟眼鏡猴長得跟人很像的猴子。日本人應該很喜歡猴子吧？對斯里蘭卡人來說，猴子一點都不可愛。因為會覺得「不要去理猴子，因為猴子和人類幾乎一樣，所以不要用對待動物的方式對待猴子」，完全不會想要去飼養猴子。

養老 我以前曾經養過猴子，名稱是食蟹獼猴，但其實不是只會吃螃蟹啦！只不過牠一看到蜘蛛巢穴就會去搞破壞，所以是很好的清除蜘蛛巢穴幫手（笑）。以上純粹是開完笑，其實猴子很聰明，我已經把牠都當成家人看待了。所以猴子死的時候我受到很大的打擊，所以決定再也不養了。

蘇曼那沙拉　已經死了……。不過在斯里蘭卡絕對不會有人會去飼養猴子。尤其斯里蘭卡人又不喜歡猴子，特別是懶猴類的猴子。

釋　是不是因為不吉利？

蘇曼那沙拉　不是因為不吉利，而是覺得噁心不乾淨。為了表現出噁心的情緒，還因此衍生出許多懶猴的比喻。像是「對懶猴的母親來說，懶猴寶寶是世界上最可愛的生物」，有許多這一類的諺語出現。

釋　蠻不錯的說法。

蘇曼那沙拉　之所以會覺得懶猴很噁心，是因為從小就對其敬而遠之，所以自然而然會產生「覺得噁心」的感受。這時候只要想到那句有關母親的諺語，頓時就會有「我好像太小題大作了」，或是「我要努力去除這股厭惡感」等想法湧現……，如此一來，只要是感覺很髒、可怕、噁心的動物，就能順利扭轉在心中的形象。尤其是連蟑螂都可以變成「相當可愛」。

釋　就是自然而然地改變心態。

蘇曼那沙拉　現在的我幾乎沒有會讓我感到噁心的東西。

釋　原來如此，這都是得歸功於母親的教導。

討厭對象的情感移轉

養老　聽了剛才蘇曼那沙拉長老說的話之後，我稍微有點懂了。應該是說可以改變討厭的對象，能夠變得不討厭某種生物。只不過在不知不覺當中，又開始討厭起其他的事物了。

釋　改變討厭的對象，這是指可以將討厭蜘蛛的這股情緒轉嫁至其他的生物？不曉得「討厭腳長生物」的情緒是否也可以多少轉移掉一些。

養老　就是這個意思，這就跟暈船一樣。已經知道暈船是可以靠藥物治癒的，這樣即使長時間搭同一艘船也不會出現暈船症狀。因為有過多次暈船的經驗，所以身體對船隻的搖晃已經習慣了，所以就變得不會暈船。雖然不會暈船但有可能這次卻變成搭公車會暈車了。

釋　原來是這樣啊！

養老　重點在於「暈眩」的性質並沒有改變，這樣的症狀是因為搖晃所引起，而是怎樣的搖晃會導致暈眩。以下這個例子或許可以清楚說明……，那就是和妻子多年來生活在一起，因為不能有「不喜歡」的情緒，所以久而久之就習慣了這樣的生活方式。

釋　所以說就是已經習慣了那樣的搖晃感囉？

養老　沒錯，因為會習慣，覺得「這樣也不錯」。取而代之的是開始不喜歡別種東西。不過仔細想想，出現這樣的轉變，其實是相當安全的做法。因為已經習慣了身邊的人，所以只要說出「我不喜歡那位中年婦女」，將厭惡情緒轉嫁到他人身上就好。

要懂得轉換觀點

養老　認真的人越容易落入的陷阱，就是想要清除所有自己討厭情緒的想法。因為一個人會討厭什麼東西是無法控制的，其實只要稍微改變一下想法就好。如果能夠視情況改變想法，實際上就不需要為此吃上許多苦頭。

釋　這樣的說法以及採用的手法，蘇曼那沙拉長老覺得如何呢？雖然說很難去完全清除掉討厭某種東西的情緒，但是卻能夠逐漸降低對此事物的厭惡感。如此一來，就可以在不知不覺當中減輕為此所產生的壓力。

蘇曼那沙拉　還是要改變看事情的角度。

釋　改變看事情的角度，就可以在苦難的人生中活下去。那些受到蘇曼那沙拉長老教誨的人們當中，應該有不少人是因為改變了以往的觀點，而開啟另一扇窗，進而萌生「明天也要好好活著」、「稍微試著活下去」的想法。

蘇曼那沙拉　你說的沒錯，真的是有這樣的人。我自己本身現在也有在這樣做。如果是因為以某個觀點來看事情，而導致問題發生，就需要突然讓對方改變觀點來思考這整件事情。

釋　是刻意要這麼做的嗎？

蘇曼那沙拉　沒錯，刻意去這麼做。

釋　這就是教授的使命，工作就是要去引導人們。

蘇曼那沙拉　不是的。因為「教導他人」並不是多麼了不起的事，譬如說即便是「討厭眼鏡猴」，但還是能從這樣的情緒當中看到母與子的親情關係。猴子媽媽因為疼愛自己的小孩，所以會餵奶養育孩子，看到這樣感人的母子關係，就不會產生討厭的情緒了。反倒會萌生一股擔心的情緒，展現出自己慈愛的一面。

釋　這就是慈悲與智慧的實踐方式。

變換立場是最簡單的事

蘇曼那沙拉　我們的實踐方法相當簡單，就只是將立場傳承下去。

釋　什麼是將立場傳承下去？

蘇曼那沙拉　這純粹是我自己個人的經驗，我在年紀很小的時候，有人來到我家乞討。對方臉上的眼睛和嘴巴都呈現歪曲狀，手也不能動，身體無法自由活動。因為小孩子從來沒有看過這樣不成人形的人，當然會因此心生恐懼。

所以我就大叫一聲在家中跑來跑去，然後說了：「媽媽，有奇怪的人來了。」接著母親就拿著許多的食物和米，一副理所當然地將這些東西交給對方，然後母親就突然轉頭看著我並斥責說：「誰是奇怪的人？如果今天是你變成這樣，那該怎麼辦？」

我在被責罵的那個瞬間，發現到我在腦海中試著想像變成那個樣子的自己。自己變成不方便行走，必須向人乞討食物的人，身體滿是髒汙，全身都是灰塵，穿著破爛衣服，那個時候要是有人說我是「奇怪的人」、「討厭的人」，那我會是怎樣的心情。從此以後，我不管看到誰，都不會再產生「厭惡」的感受了。

只不過如果是流浪漢整個人太靠近我的話，我還是會沒辦法接受……。不過因為我沒有表現出討厭對方這麼做的情緒，所以大家還是會靠過來，但是那股氣味對肉體來說真的是……。

釋　生理上無法接受。

蘇曼那沙拉　對，還是生理上的問題。所以我都會拜託對方說「請不要那麼靠近」。然後彼此就能「像是朋友那樣融洽地聊天」。

釋　應該先請對方去洗澡會比較好。

蘇曼那沙拉　其實不只有這種情況，我有時候看電視時，也會覺得「不太喜歡這個人」、「這個人怪怪的」。

在那樣的情況下，我會選擇試著去改變立場。如果我是那個人，那又會是怎樣的情形。然後就會浮現「原來那個人很努力」的想法。因為電視上的綜藝節目都只能呈現二～三秒的畫面，所以藝人們都要想辦法在二～三秒的時間內，將自己所有的能力都給完全發揮出來。因為這是攸關到生計問題，即便會被其他人認為怪異或討厭，但是以自己的立場來說，自己就是必須誇大地去展現努力的成果。

釋　只要稍微變換一下立場，改變自己看待事物的觀點，就不會對自己的苦難和煩惱如此忿忿不平了。妥善利用這個方式，就能夠讓自己的思考變得多面化。而且或許還能視情況逐漸降低自己對某些事物的執著。

蘇曼那沙拉　你說的沒錯。

變成昆蟲苦難就會消失

釋　剛才的那個討論話題覺得如何呢？養老教授是否也有過「變換角色」、「站在他人立場思考」的訓練方式呢？

養老　我自己是不太會刻意去這麼做。不需要變換角色，就能做出符合當下情況的判斷。不過我也會有這樣的想法，有時候會想像自己變成昆蟲。

釋　昆蟲？真的是很特別的想法。所以說是以昆蟲的角度來看世界囉？

養老　沒錯。變成昆蟲後來看世界，就會發現到整個世界都改變了。

釋　到底是變成怎樣了？真令人好奇。

養老　不只是看法不同，就連活在世界上，都會發現到許多不曾注意到的事物。其中也包括了好幾種討厭的事物，只不過以昆蟲的立場來思考，就會覺得「這好像也沒什麼大不了的」。

釋　簡直就是截然不同的轉變，那豈不就是無敵的精神技法了。

蘇曼那沙拉　哈哈哈。

養老　因為昆蟲的數量相當多，而且大家都是真實活在這個世界上，比起人類還要久以前就活在地球上了。所以只要抱持著「原來還有我不知道的世界」的想法，那些苦難就會逐漸消失。

釋　苦難會逐漸消失，看來昆蟲真的是人生的導師。感覺我之後對於昆蟲的看法會有很大的改變。

養老　我在前往寮國等地捕捉昆蟲時，不是以「昆蟲的眼睛來觀察」，而是真的把自己當做是昆蟲，就連思考和口語說明都覺得麻煩。而且也因為連續待在寮國好幾個星期的時間，完全適應了當地的生活，回到日本後反倒整個人很不習慣。

我的腦海裡甚至還浮現了「東京這個地方真是的，一個狹窄地區居然擠了那麼多的人」的想法。我這樣的舉動可以說是週期性，因為有時候也不會有如此強烈的想法出現。

交換立場相互理解

蘇曼那沙拉　我在日本聽說了很多的事，說不定各位會覺得我多管閒事，因為我經常會感覺到「日本的男性不瞭解女性，而女性也不願意去瞭解男性」。

譬如說有女性會跟我說丈夫的壞話。但不論是說了怎樣的壞話，我還是不知道對方的丈夫是怎樣的一個人。以我的立場來看，我在意的是「你們彼此已經一起生活了二十年」。即便兩人已經在一起二十年，但是妻子卻仍然不瞭解丈夫，而丈夫也不瞭解妻子。所以我給予的建議就是「只要互換立場，應該就能改善目前兩人的關係」。

蘇曼那沙拉　可能稍微要在腦中模擬畫面，實際上並不困難。

釋　就是男女的立場互換、夫婦的立場互換，你的立場和我的立場互換。

站在對方的立場思考

蘇曼那沙拉　假設男性變成女性來看這個世界和家人，就會感覺世界會變得煥然一新。相反地，要是女性變成男性來看家人，那麼就能夠理解彼此的心情。如此一來，彼此的關係就會變得更加融洽。

前陣子有個年輕的男人怒氣沖沖地來找我，一臉嚴肅地表示「自己要離婚了」。

然後我對他說：「請將離婚一事延後。」即便我沒有立場去對離婚一事表示贊成或是反對，但是對方卻對我說：「到底有哪裡不好，請決定我是否應該要離婚。」

釋　所以是要蘇曼那沙拉長老來決定他是否要離婚嗎？這個人還真是衝動啊！

蘇曼那沙拉　那個人因為很年輕，我能夠理解對方想要由年長者來幫忙做決定的心態，所以我就很爽快地說：「好啊，那就由我來決定。」但由於我要作出確實的判斷，就必須要有正確的資訊，於是我就向對方表示「為了做出判決，請你先提供資訊」。

然後對方就開始向我傾訴了許多的事情。其中包括了「妻子完全不會給予自己任何的讚美，但自己還是按照自己的方式在努力」。於是我問對方「你是怎麼努力」，對方的回答是自己有確實在工作維持一定的收入。他表示自己這麼說之後，妻子卻回說「你的努力只有這樣不是嗎？」。妻子接著又說「你為了這個家什麼都沒有付出」，一直在當面批評丈夫。在這樣的情況下，不管是誰當然都會失去存在價值。丈夫一說出「我有在工作」之後，對方卻表示「只有這樣而已」，對於丈夫來說自己存在的價值當然會消失。

我告訴對方說「再這樣下去不好」，然後又說了「這樣聽來女性的觀點是對的」。其實當時妻子也在現場，即便是我在現場，那位妻子仍是生氣批評丈夫說「你只是有在工作拿錢回家而已」。

所以我才會表示「太太說的是事實」。不過站在丈夫的立場，以男性的觀點來說，當然會覺得「自己將所有薪水都拿回家，這已經是自己所付出的一切，該做的都做了」。

但是以女性的觀點來看這件事，自己要負責購物，要負責煮飯，要負責洗碗，還要管教小孩上床睡覺，小孩哭鬧時也是由自己安撫，要接送小孩上學，還要負責清洗衣物……。如果說活著有一百件事要做，那麼其中有九十九件事，都必須由女人去完成，而男人要做的一件事，就只是把薪水拿回家。九十九比一的比例也太……。

釋　真的是慘敗。

蘇曼那沙拉　沒錯，真的是慘敗。所以我跟對方說「你要稍微改變一下自己的想法」。因為不管是誰，只要注意到自己是屬於九十九比一當中的一，當然會想要停戰。你是九十九，而我卻只有一。老實說在這樣的戰力比之下，對方也不會想跟你吵。即便丈夫還是會認為「為何女人總是任何事都能找出缺點，很奇怪」，不過只要稍微改變一下觀點，還是能夠理解為何對方會有這樣的表現。

至於女性的情況也是相同。即便女人會責罵男人而不停碎念，但由於男人天生神經質，很容易因為一件小事就心情沮喪，立即就失去幹勁，所以要是一直這樣責罵對方，家庭關係當然會陷入冰點。

因為男性必須在競爭激烈的社會中生存，早就是傷痕累累的狀態了。不論是在公司、社會，都是帶著滿身傷痕在奮鬥，最後帶著全身的疲憊回到家後，整個人簡直就要倒下了。所以只要女性能夠理解到男性的壓力所在，那就不必來找我，彼此之間自然就會回復到和平狀態了。

釋　哈哈哈，原來如此。然後那兩人之後怎麼了？

蘇曼那沙拉　我之後也沒再見過對方，所以不太清楚。雖然我當時有跟對方說「多蒐集一些資訊後再來找我」，但是對方就沒再出現了。

釋　或許已經是不需要前來求助的狀態了。

第五章

有智慧的信仰能讓人成長

人總是會相信某個事物

釋　之前養老教授曾經說過「因為自己的懦弱，所以不願意接受對方的想法，而執著於自我」。但其實重點應該不在於「所以自己要變得強大」，而是應該將焦點放在「發現自己的弱點」上。總覺得這個部分和信仰有很大的關聯性存在。

養老　我從以前就覺得人類很喜歡相信某個事物。即便是相當極端的人，虛張聲勢地表示「我什麼都不相信」，那我也會跟對方說：「你是相信自己不會相信任何事的這件事！」

釋　還真的有這樣的人。

養老　沒錯，所以最終還是相信了。不過以理性判斷，這樣的態度當中其實還隱藏了其他的情緒。

釋　那是因為理性與信仰的作用是有差異性存在的。而這也是基督教神學以及宗教哲學長年以來所爭論的議題。其中有個論點是認為「信仰」本身就是不合理的行為。而特土良[※9]（Tertullian）則是說過「我信，因為無不合理」。

※9 特土良：為基督教會主教，是早期基督宗教著名的神學家和哲學家。

養老　沒錯，雖然我沒有特別去想過這件事，但還是會覺得理性與信仰是不同的兩件事。

釋　因為不合理所以「相信」，那麼如果是合理，那應該就能「理解」囉？

養老　沒錯。所以若是硬要讓其保持一致性，那就會變得很麻煩。

對我來說，不管相信什麼都一樣，但是我卻不會將這樣的行為視為理性。即便有人問我說「你有相信什麼嗎？」，我也不會刻意開口說明。但是這樣的狀態算是有在相信什麼嗎？

信仰是人生的扶手

釋　適用於「無法猜透神明想法」的不合理性概念的基督教、伊斯蘭信仰，以及佛教的信心、信解（信與信解等）之間仍是有差異性存在，關於這個部分有何看法？

蘇曼那沙拉　關於這個部分，我是一直有在發表個人的看法。由於信仰與理性彼此是相反的概念，只要有理性介入，信仰就會走向死亡；但如果是信仰的力量越強大，那麼理性就會死去。兩者的性質是相互違背的。

不過要是試著去觀察信仰的作用為何，就會發現信仰還是有意義存在。因為信仰就如同是在黑暗中找到了輔助杖、鋼索或是扶手那樣的感覺。雖然說並不曉得鋼索與扶手會通往哪裡，在周圍如此黑暗的狀況下，只要抓住這些東西，就能夠持續地不斷前進。

但是有理性存在，即便沒有扶手，還是能清楚知道「這邊要直走」、「要右轉」、「這裡左轉」等前進方向。因為比起信仰，理性是更為可靠的能力，因為能清楚知道你該往哪裡前進。

佛教是理性的教誨

釋　蘇曼那沙拉長老認知中的「無知的狀態」與「智慧的狀態」，以及與「理性」之間的關係為何呢？

蘇曼那沙拉　無知的狀態是指任何生命發揮本能，而展現出求生欲的狀態。至於理性則是要一步步去學習，進而理解自己以及周遭一切事物。一般人會停留在知識階段，而知識也是由本能負責管理。因此知識能夠讓自己活得更輕鬆，而且是能夠以專業方式有效去消滅敵人。

理性並非凡事以自我為思考中心，而是會注重客觀事實來進行調查。因為一旦置入自我的主觀，理性就會無法發揮，進而由情感來代替理性掌控支配權。智慧則是使用理性這個基石來提升人格。只能說瞭解到慾望、憤怒、嫉妒等會玷汙心靈的事物從何而來，並將其逐步消滅，這樣智慧就會出現。如果不改變人格與性格，就不能說是擁有智慧。因為經常會看到傑出的知識份子，卻不願改變自身性格的例子出現。

至於排序方式會是本能、情感的衝動所衍生的無知，再來是學習事物提升生存能力的知識，最後是因為人格的成長可以成為更好的人的理性，提升人格就能夠勝本能，進而去除心靈的汙點，而達到智慧的境界。

佛教並沒有提倡要擁有信仰一事。因為要讓內心接受信仰，知識與理性就會造成妨礙，理論和科學也都會是信仰的障礙。一般人因為沒有可靠的目標，所以會感覺活在黑暗之中，因此需要有扶手和手杖，而這就是信仰。仰賴信仰而在黑暗中前進，有可能會發現光明，但也可能在黑暗中感到迷惘，甚至是在黑暗的前方發現到仍然是黑暗籠罩的事實。

佛祖說過信仰的結果是一半一半。你的信仰或許是正確的，但也有可能你所信仰的是缺乏事實根據的謊言。即便中獎率有一半，去挑戰卻可能賠上只有一條的生命。人生可不能像遊戲那樣重新設定就能夠重來，每個瞬間都是距離死亡更近一步，生命逐漸地在衰落。所以佛祖才會建議各位在人生的道路上放棄信仰，以理性來思考一切。

但也不能說「應該要完全抹煞信仰」。因為如果不相信「老師能教授知識」、「老師的學識淵博」，那就無法進入學校學習。而小孩也是從小時候開始就相信父母是無所不知。有這樣的想法其實很好，因為在長大後，自然就會瞭解到「父母並非無所不知」的這個事實。那時就是該離家獨立的時候了。或是生病去看醫生，那個時候也要相信醫生診斷出來的病情。因此以心理學的方式來說明，信仰某件事的現象，其實是在活在世上不可或缺的一部分。

佛祖告訴我們要在基於某種程度的完整資訊狀態下去相信一件事。佛教用語中並非「信仰」，而是「確信、接受」的意思。如果是因為相信醫生，而仰賴對方能治好疾病，但卻無法康復的情況下，照道理說應該會找尋其他的專業人士，或是到別的醫院看診。在不帶惡意的情況下進入學校就讀，但卻感覺到自己無法在此好好讀書，那就可以選擇換一所學校就讀。

佛祖就是基於在你的煩惱痛苦，能夠從眼前找到解決方式的既定事實，才會去提倡皈依三寶的理念。因此要是試著皈依佛門，但卻無法獲得想要的結果，也無法讓內心保持平靜，那當然能夠自由離開。另一方面，佛祖則是笑看關於「信仰〇〇，死後就能上天堂」這樣的保證。反倒是想問對方說：「那萬一死後發現到沒有天堂，那又該怎麼辦？」因為「確信」一詞才是佛祖建議用來對付信仰的解藥。

請相信好的信仰

蘇曼那沙拉　雖然說相信某些事能讓自己活得更安心踏實，不過針對這個部分，佛祖提出的建議是「如果想這麼做，那就去相信能讓自己變得更好的事物」。

釋　原來如此。這個意思是說，如果一定要擁有信仰，那麼至少是相信會讓自己有所成長的事物嗎？

蘇曼那沙拉　沒錯。以相信老師和醫生的例子來說，就如同我剛剛所說明的內容。只不過這裡所指的信仰與剛才所提到的信仰在程度上有差別，而是指與道德、生存方式，以及與死後的相關問題。在這樣的前提下，最好還是去相信會讓自己變得更好的事物。

「死後還有另一個世界存在嗎？真的有輪迴轉世嗎？證據為何？」——，我經常會被問到這些煩人的問題。每個人都想從我身上得到答案。不過由於輪迴轉世是佛祖用其傑出智慧所親自驗證的事實，像我們這樣的凡夫俗子當然很難理解。若是對於這個部分存有疑問的人，佛祖則是有傳授了好的信仰方式。

對此存疑的人應該以這樣的方式思考。那就是「我不知道死後是否有另一個世界存在。但要是我做出殺生、強盜和說謊的行為，我就會受到人世間的批判，在世上變得不幸，需要在苦難中求生存。萬一死後有另一個世界存在，那麼天堂也不應該為了壞人而存在，所以可以確定的是我死後還是會深陷痛苦。如此一來，不論是在這個世界，還是在那個世界，我都會陷入不幸之中。

但要是我選擇不殺生、不說謊，以慈悲的態度來活在世上，那麼就能夠得到世間的認可、讚美與信任，能更輕鬆地活著。即便死後沒有另一個世界存在，這也是能有所收穫的生存方式。但如果死後有另一個世界存在，那當然也會誕生在更幸福的地方，這樣也能在那個世界裡有所收穫」。如果能夠相信這樣的想法，這就是好的信仰。

佛教中的「saddhā」（信）有兩種意思，一種是 amūlikā saddhā，這是指毫無根據且無實證的不可能信仰（groundless faith），可以說是盲目信仰。第二種是 ākāravatī saddhā，這是指有根據且有實證，能確信的信仰。而佛教徒當然只能相信第二種的信仰。

舉例來說，各位都會問我說「業障存在嗎？」因為這也是透過佛祖智慧所發現的法則，因此以我們凡人的知識實在無法理解。照理來說，ākāravatī saddhā 是具有可行性的。因為做壞事就會在世間受到懲罰，為此受到批判。就算沒有被揭穿，良心還是會感到不安。

良心不會感到不安的人，則是會逐漸地墮落下去，由此可知，不好的行為就會導致不好的結果。假設死後有另一個世界存在，那麼也可以假設死後會變得不幸，這樣的法則就是所謂的業障。但是這並不是已經確定的事實，單純只是照道理來說可相信的理論。

但是為什麼人類在生物學上都是屬於相同種類，但是每個人卻又會有不同之處呢？為什麼同卵雙胞胎卻會出現性格上的差異呢？為什麼付出同樣程度的努力，但是每個人卻會得到不同的結果呢？為什麼不只有人類，每個生命都具有獨特性呢？其實這些差異都在於內心感受，就是指能展現出每個生命的能力——個性。

因為個性作祟所以會造成業障。如果要說每個生命為何會有所不同，答案就是因為業障不同。不過由於業障還沒有獲得實證，所以只能相信這樣的理論。所以與其說是神的意志展現，因為內心感受而導致行動會是比較好的解釋。因此就符合ākāravatī saddhā 的狀態。

那麼為何需要擁有這樣的信仰呢？因為這樣的信仰，能夠幫助人們不要做出不好的行為，如此一來，就具備了做善事的理由。要提出「應該要怎樣活著」的問題之前，就會先得到「活著走對的路」的答案。

釋　理與信彼此不矛盾，而且還剛好是代表正反兩面的這個部分，或許可以說是佛教的獨特之處。要跨越無知之壁的生存方式道路，或許就存在於這樣的道理之中。

日本人今後的生存方式？

釋　日本東北大地震對於日本的社會而言，確實帶來了極大的損失與衝擊。

我也有經歷過阪神大地震，一九九五年對於關西地區來說，真的是特別重要的一年。像是現在成為關西的ＮＰＯ和ＮＧＯ領導人物的年輕一輩，大多都是在阪神大地震有擔任過志工經驗的人物。

不過東北大地震的受災規模是阪神大地震的好幾倍之多，而且對東京而言是感受極為深刻的災難。

接著開始提問。東北大地震發生之後，以此為契機，日本人的人生態度、思考方式，或是生活模式會產生怎樣的變化呢？

養老　我自己是不論有沒有地震發生，在此之前就曾經深思過這個議題。其中之一是能源問題。關於往後人類生活方式的這個提問，或許不太能直接回答，但是根本在於能源問題的這一點是事實。

針對這個部分，就我自己的意見來說，能夠充分使用石油的二十世紀已經是很強的時代文明，像是美國就是很典型的例子。所以歷史學家才會描述二十世紀是地球花費好幾億年時間，才得以提供百年使用的有利能源石油所誕生的時代。

我們口中所謂的「文明」，就是靠著許多便利的能源所堆積而成的產物。然而這樣的文明現在卻開始出現陰影。其中一個原因是石油本身的產量逐年減少，到了這個世紀可以說是所剩不多。至於另一個原因，則是雖然製造出替代的核能，但是否要以此能源為優先又是個問題。

話雖如此，但我的腦袋裡從之前就清楚知道，這樣的問題會因為地震而浮現。問題不在於是否有發生地震，因為地震早晚都會發生，問題的根本在於這樣的情況一直存在。

我從以前就一直在強調人類到底可以擁有多少的能源。但是從日本的例子看來，由於經濟成長率和能源的使用增長率幾乎相同，就是指「增加三%能源，經濟成長就能提升三%」這樣荒謬的情況。真實的情況就只有這樣，但卻宣稱這已經是有所成長的現象。這就表示只要使用能源，那就能提升各位的生活品質，景氣也會復甦。在這裡我想問的是，這是否有人為的力量介入，但其實根本就沒有人為的力量介入。所以說我們認為好的文明與秩序，很多方面之所以能夠持續進步，實際上是因為有石油存在，而不是因為有人類存在。

在這樣的情況下，人類到底做了什麼？極端的說法是只是讓世界陷入混亂狀態罷了。現在這樣的形容方式被拿來批評政治人物，但我想說的是，這樣的混亂場面並不只是會出現在政治人物身上。現在社會上都在大聲疾呼表示要找尋新的能源來作為「替代能源」，但是我認為就算這麼做，也只是同樣在重蹈覆轍。

要享樂到什麼程度才會滿意

養老　國會議員嘴邊經常會脫口說出「這是我所搭建的橋樑」之類的話，每次我聽到這些話都會覺得「你根本就沒有建造橋樑」。這就跟現代人認為「如此偉大的進步」是相同的道理，這一切的進步根本就不是人類的功勞，而是石油能源所做出的貢獻。所以才會認為要是能源用盡，世界就會陷入混亂狀態。這是再平常也不過的事實，就像是坐在轎子上，但是轎夫卻都不見了的情況。

我並不認為人類因為坐在轎子上就能因此為所欲為。我認為這就是原本應該好好栽培磨練自己，但卻偷懶而不去這麼做的狀態。

就是因為如此，「教育問題」才會經常被提及，但光是在學校裡聽師長的話也無濟於事，因為根本就扯不上關係。雖然說能源問題相當棘手，但是也不能不去正視「教育」的問題。

像是我以前在大學教書時，就曾經很直接了當地跟年輕學生這麼說過。因為學生跟我說：「教授，如果有錢就可以買機器來進行研究了。」而我則是回答說：「假設現在有錢讓你買機器，然後你完成工作後結果出爐。那這樣算是金錢在完成工作，還是你在完成工作。」而現在正是我們必須如此捫心自問的時代，因為這個問題比起從前還更為迫切了。我認為靠自己的力量來個別思考的時代已經到來。

釋　這真是剖析文明的一番言論。

養老　要是認為使用石油讓生活變得輕鬆，這樣沒什麼不好的話，那其實大可不必去在意這個問題。雖然說我這個人再活也沒幾年了，其實已經「不關我的事」。但是從根本來深入考慮到人類的未來，人類要健全地活在世界上，並不一定需要耗費大量的能源，不是這樣嗎？然而到頭來人類卻只想著如何方便享樂，不禁讓人直搖頭想問說：「到底要享樂到何種程度才會滿意？」

發生大地震後的夏季會面臨到缺電問題，雖然對於夏天最先會遇到的電力不足問題感到不安，但是一感覺到熱氣，所有人還是選擇打開冷氣。就是想開著冷氣來觀看高中棒球的決賽，但其實「不看也不會怎麼樣」。

但其實可以用打赤膊外出來取代開冷氣的這個動作，要是在東京無法這麼做，那就去鄉下地方。我自己就經常邀其他人說「要不要去鄉下走走」。在寮國的永珍動不動就是三十四℃、三十五℃、三十六℃，每個人都呈現頭昏腦脹的狀態。那個時候我都會想說「熱到頭昏腦脹又沒什壞處」。

蘇曼那沙拉　養老教授說的沒錯。過度依靠某項事物以及能源，雖然宣稱經濟會因此有所成長，但其實根本沒有成長，我自己也經常這麼說。

不過換個立場來思考，若是「我們認為不這麼做也沒關係」，在夏天就算不開冷氣，還是能有其他方法讓身體消暑，以這樣的方式讓自己感到輕鬆愉快，也不失為是一個好方法。

釋　就是調適心情找出樂趣所在。

蘇曼那沙拉　像是在冬天不要穿太多衣服，只穿著適當禦寒的衣物，思考該怎樣去保持身體暖和。我是在來日本之後才第一次穿上襪子，在來日本之前，因為我都是生長在從來不會感覺到寒意的世界，所以襪子對我來說是徒增麻煩。而且有時候還會兩隻腳分別穿上不同的襪子，還真是煩人，經常要「尋找另一隻襪子的下落」。所以說我索性就不穿襪子了。

釋　連穿都不想穿了。

蘇曼那沙拉　沒錯，我已經不再穿襪子了。其他人都很為我擔心，尤其是在冬天都會問我說：「會覺得冷嗎？」在那樣的情況下，我都會去思考「在不穿襪子的狀態下要如何抗寒」，這就是我的興趣所在。雖然有時候腳底還是會變得冰冷，不過我只要動動腳趾，用力按壓腳趾，以及用腳跟站立，用了許多方法，就能夠讓腳底變得暖和起來。

釋　這就是不穿襪子的樂趣，真的是很特別的想法。因為覺得有趣，所以去思考方法也會感到愉快。

蘇曼那沙拉　從這件事當中可以發現到一種技巧，那就是生存的技巧。

發生了日本東北大地震之後，即便去反覆思考該如何去恢復以往生活，還是會有遇到阻礙的時候，因為過程非常辛苦，但其實只要抱持著「人活在世上總是會遇到這樣的情況，應該要思考如何讓自己活得更輕鬆愉快」的心態。像是需要去加強哪些能力，怎樣才能和當地民眾建立起感情。只要按照這樣的方式來思考解決方式就好。所以不妨稍微改變一下自己以往所走的道路，轉換一下自己的思考態度。

釋　或許今後真的會有越來越來人，誠如您所說的去轉換人生方向持續前進。對於現代人而言，這樣的情緒轉換是否能夠成為另一條代替道路，有關這個部分有任何看法嗎？

蘇曼那沙拉　我不曉得，因為日本人所堅持的事，經常持續不到一個月時間就會忘光光。難道不會過了一個月就將大地震所造成的衝擊都給拋在腦後了？要是某個地方有小孩遭到誘拐綁架，附近有小孩的居民會在往後一個月時間，都很認真確保小孩上學時的安全，但是之後就會將這件事給忘了。雖然不喜歡有這樣的情況發生，但人們卻也希望，可以趕快裝做什麼事都沒發生過。

總而言之，能源問題也是相同情況，世界上經濟狀況持續低迷，不知道何時會有巨大的自然災害發生。而且情況會越來越糟，所以從現在開始，「改變生存方式」絕對會是必要的挑戰。

譬如在沒有瓦斯爐的狀態下要如何去烹煮料理，一定有方法存在，而且是許多的方法；或是水龍頭沒有水又該怎麼生活之類的問題。經過多次的訓練，並將思考過程當做是樂趣來尋找方法，就能有效提升自身的能力。

釋　原來如此。總覺得長老您是個不論去到世界哪個角落，都能夠存活的人。

聽了兩位所發表的意見後，除了發現到兩位對於「自我」都有許多面向的看法，思考上並不固定，而是流動式的想法。而且也感受到兩人身上所散發出的人性魅力，或許可以說是活在世上的強韌生命力。在對話的過程中能明確察覺到這一點。我們因為在沒有自覺的狀況下，所製造出的「愚蠢之壁」與「無知問題」，似乎都是基於自身的生存機制所導致的結果。透過兩位來賓的對談，我也對此有所體悟。

感謝各位這麼長時間的聆聽，大家都辛苦了，也謝謝各位的蒞臨參與。

對談結束後　阿爾包姆雷・蘇曼那沙拉（Alubomulle Sumanasara）

雖然不曉得各位對於此次的對談有怎樣的評價，我個人倒是從中學習到不少。我深刻體會到，應該更明確地去以各個面向來看待所有事物，果然科學家是會以所有人都能夠理解的方式，去簡單說明事物原理。而人類的信仰也會因為科學家而逐漸降低依賴度。其實信仰原先是屬於宗教的管轄範圍內，不過現在大多數人都不願意去傾聽宗教人士所發表的言論。但是我並不覺得這是一件壞事。由於文明的停滯不前，所以使得各位會產生「還是以前好，真想回到注重精神世界的那個年代」的想法，但我想問各位的是「那樣真的好嗎？」所謂從前那個美好的精神世界年代，應該就是指迷信的年代。

相信會有奇蹟發生，經常在祈禱或是詛咒他人的那個時期。各位是真的想回到那個時候嗎？科學與宗教之所以在歷經考驗後有所發展，就是因為那個迷信年代顯露了許多的缺失。在生病時求助於巫醫，但是病情仍舊沒有好轉，所以人們才會想尋求科學的發展。所以說回到那個注重精神世界的迷信年代，不就表示生病時又要求助於巫醫了。因為回到那個迷信時代不是一件好事，回去的這個動作就代表退步，而人類需要的是進步。所以如果是「朝著注重精神層面的時代前進」，那就沒有什麼問題。由於現代的大腦科學已經相當進步，因此應該要使用那些知識，以純粹的心態來讓世界以及人類走向更高階的發展。

日本東北大地震讓人們失去了一切，所謂的「復原」二字所代表的是回到那個美好的過去。

然而這卻是永遠不可能做到的事，還是必須去找到新的生存方式。不要將大地震視為情緒低落苦惱不已的理由，而是應該將其當做是發現新的生存方式的契機。不應該讓自己充滿不幸、痛苦、不公平等負面情緒，而是要變換思考，抱持著「就是因為這樣才更要試著努力，不好的情況總是有好轉的一天」的想法，讓這樣的動力成為自己有所進步的推手。

作者檔案

蘇曼那沙拉（Alubomulle Sumanasara）

斯里蘭卡上座佛教（小乘佛教）長老， 1945年4月出生於斯里蘭卡，13歲出家得度。曾經在斯里蘭卡國立卡拉尼亞（Kelaniya）大學教授佛教哲學。1980年以公費留學生身分前往日本。之後在駒澤大學研究所的博士課程中研究道元禪師的思想。目前持續於日本小乘佛教協會從事原始佛教的傳道與冥想指導，並講述佛祖的基本教義。此外也在朝日文化中心（東京）擔任講師，並曾受邀NHK教育頻道《心之時代》等節目擔任來賓。著作包括《佛陀教你不煩惱》、《佛的實踐心理學》全八冊（與藤本晃合著，SAMGHA出版社）、《佛陀教你「不生氣，會幸福」》、《日本的未來》（SAMGHA新書）《小啟示的累積》（集英社新書）等諸多作品。

日本小乘佛教協會 http://www.j-theravada.net/

養老 孟司

解剖學者。1973年於神奈川縣鎌倉市出生，東京大學醫學部畢業後進入解剖學研究室。1995年卸下東京大學醫學部教授一職，現在則是擔任東京大學名譽教授。近年來除了專業領域以外，也將研究範圍擴展至哲學以及社會評論領域。著作《愚蠢之壁》（新潮新書）一書在2003年榮獲日本最暢銷書籍，並獲頒新語彙、流行語大賞以及每日出版文化賞特別賞。其他著作有《人類觀》（CHIKUMA文庫）、《主觀意識》（CHIKUMA文庫、三得利學藝賞）、《唯腦論》（CHIKUMA學藝文庫）、《死之壁》、《「自我之壁」》（新潮新書）、《鮮紅色的謊言》（PHP文庫）、《希望的機制》（與蘇曼那沙拉合著，寶島SUGOI文庫）、《閱讀思考》（雙葉新書）等諸多作品。

〈主持人〉

釋 徹宗

僧侶，宗教學者。1961年於大阪府出生。大阪府立大學研究所人類文化研究科比較文化專攻博士課程修畢。專業領域為宗教思想、比較宗教、人類學，現在是相愛大學人文學部教授。此外，並擔任淨土真宗本願寺派如來寺住持、NPO法人relife代表，深入各個地區進行跨領域的活動。著作有《親鸞的思想構造》（法藏館）、《不干齋・巴鼻庵(FUCAN FABIAN)》（新潮選書）、《佛教生活初探》（新潮文庫）、《現代人的祈禱》（與內田樹、名越康文合著，SAMGHA新書）、《法然親鸞一遍》（新潮新書）、《宗教的救贖》（角川SSC新書）、《入世佛教》（與大平光代合著，本願寺出版社）、《日本靈性論》（與 田樹合著，NHK出版新書）等諸多作品。

TITLE

突破「無知」的壁壘

STAFF

出版	瑞昇文化事業股份有限公司
作者	蘇曼那沙拉　養老孟司　釋徹宗
譯者	林文娟
總編輯	郭湘齡
責任編輯	莊薇熙
文字編輯	黃美玉　黃思婷
美術編輯	朱哲宏
排版	靜思個人工作室
製版	昇昇製版股份有限公司
印刷	桂林彩色印刷股份有限公司 紘億彩色印刷股份有限公司
法律顧問	經兆國際法律事務所　黃沛聲律師
戶名	瑞昇文化事業股份有限公司
劃撥帳號	19598343
地址	新北市中和區景平路464巷2弄1-4號
電話	(02)2945-3191
傳真	(02)2945-3190
網址	www.rising-books.com.tw
Mail	resing@ms34.hinet.net
初版日期	2017年2月
定價	300元

ORIGINAL JAPANESE EDITION STAFF

写真　聡明堂

國家圖書館出版品預行編目資料

突破「無知」的壁壘 /
蘇曼那沙拉, 養老孟司, 釋徹宗作 ; 林文娟譯.
-- 初版. -- 新北市 : 瑞昇文化, 2017.02
176　面 ; 14.8 X 21　公分
ISBN 978-986-401-146-9(平裝)

1.佛教修持 2.生活指導

225.87　　105024495